生活科技這堂課

建國中學生活科技科

趙珩宇 ——

著

實作課程怎麼教、如何學,一本搞定!

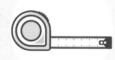  

目錄 contents

PART 3 單元整合式實作 **106**

前言 生活科技課——化創意為現實的最佳途徑

過去九年一貫的教育體制中，在生活科技課程被納入於自然與生活科技領域中、無法體現其重要性的情況下，課程逐漸式微，價值也屢受懷疑。大家始終搞不清楚：「生活科技」這門課，到底是在幹嘛？不過，隨著 108 課綱將生活科技與資訊科技共同組成科技領域，以及 2015 年起教育部對創客運動的支持，讓生活科技課程再次受到各界關注與重視，並得以有了正確的定位。

所以，到底什麼是「生活科技」呢？「生活科技」其實就是一門結合「生活」與「科技」的課程。透過這門課，學生應該要能學習到身邊常見的材料特性、工具使用方式，以及事物是如何發明等等；並要能在課程中激發創意，使自己的想法得以化為現實。

為了讓孩子認識這個世界，我們在課程中帶領他們使用質輕又方便切割的白木製作益智魯班鎖；透過讓學生製作自己的木製書架，認識紐松所具備的的溫潤質感，以及木作的溫暖之處；讓學生認識金屬角件、螺絲，感受堅硬冷冽的金屬材料是如何支撐世界；再更進一步，帶領學生進入如同魔術般的電子領域，透過每個觸碰、每個感測，讓枯燥的電路變成有趣的互動元件，並讓每位學生都能掌控操控元件的能力，搖身一變電子魔術師。

為了將想法化為現實，機具的安全操作與認識也是生活科技課程中很重要的學習項目。孩子在七年級的課程中會學習到如何安全地使用美工刀、手線鋸等加工工具；在八年級則進階到電動工具如：線鋸機、電烙鐵等，並搭配夾具等輔助工具來完成自己設計且希望製作出的作品。

　　透過循序漸近的課程規劃，學生能在九年級開始嘗試探索單元整合式實作，用以銜接高中課程中的機電整合與工程設計的實作實作。除了能更深入地進行作品設計與製作，也能挑戰各類型的機器人競賽或是發明、科展等多元的競賽成就，並藉此探索自己學習生涯中與大學工程領域相關的能力。

　　在我於國高中的任教經驗中，學生若能在國中時正確地學習生活科技之相關知識技術，在高中生活科技中課程也會有更佳表現。有良好基礎能力與思考能力的學生，不但能立即掌握生活科技課程之教學目標，也能夠在自己的作品中呈現多樣化的創意與巧思。而這除了在學生的課業或學習成就上能提供更高的加分外，也能協助他們建立更優良的學習歷程檔案，為未來的大學推甄等升學管道中提早做好準備。但在大多數情況下，基於各種因素，有許多學生在國中三年中都無法接觸到正確的生活科技課程，或是課程安排本身無法引起學生共鳴，因此造成了他們在高中課程中學習狀況低落，甚或無法跟上進度的狀況。

　　因此在本書中，我依照國中課程之學習脈絡設計不同的實作活動，提供一般學生、家長、教師或是自學學生進行參考。學生可以依照裡面的單元嘗試製作，並參考後面的小問題思考這樣的作品能做出什麼變化？家長也可以和孩子一同製作作品，透過實作了解孩子對活動的想法，拉近親子關係。

　　以教學面來說，個人認為生活科技的實作課程並非只是單一作品的製作，應是能與生活各面向進行結合的一項實作活動，旨在透過活動中激發學生對生活創造的多方想像。因此在本書中，我也會依據自己的教學經驗，在每個章節中提出教學的情境引導設計方式，教師可以直接透過這些情境引導，將書內單元用於課程；並配合學生的興趣，提供學生更活潑、更貼近生活的生活科技課程。

PART

1

創意設計與製作

為了將想法化為現實，認識並安全操作機具是生活科
技課程中很重要的學習項目。孩子會學習到如何安全
地使用美工刀、手線鋸等加工工具進行基礎製作；接
著進階到電動工具如：線鋸機、手電鑽等，並搭配輔
助夾具來完成自己設計的作品；最後進一步發揮創意，
製作出各種有趣的玩具。

生科小講堂

生科實驗室

第 (1) 課

基礎手工具介紹與操作

學習重點

1. 認識基礎手工具。
2. 了解基礎手工具的安全使用方式。
3. 繪製基礎工程圖。
4. 依照圖例完成作品。

在生活科技課程中，我們會使用到各種類型的加工工具。剛開始一定會接觸到的，就是木製加工的手工具了。使用這些簡單的手工具，除了可以協助我們完成自己想完成的作品，也可以讓我們在加工的同時，循序漸進地瞭解各種工具的操作方式及不同材料的特性，藉此為後續加工奠定基礎。下面一起來看看，在生科課程中會用到哪些基礎的手工具吧。

切削手工具

進行實作課程時，很常會使用到切削類的工具，用來將材料加工成我們想要的外型。下面就讓我們一起來看看有哪些工具吧。

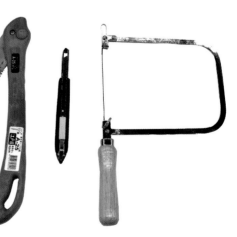

▶ **各種切削工具。**

美工刀

　　美工刀是最基礎的切削工具，也可以說是從小到大陪伴我們的好朋友，無論是裁紙、切斷物件等場合都會看到它的身影。你可以在美術材料行或文具行時看到各種類型的，可依不同的使用習慣進行選擇；但無論是哪種類型，在使用美工刀時都務必注意千萬不要將身體或手指放在刀刃前方，以免加工時施力不當造成自己受傷。

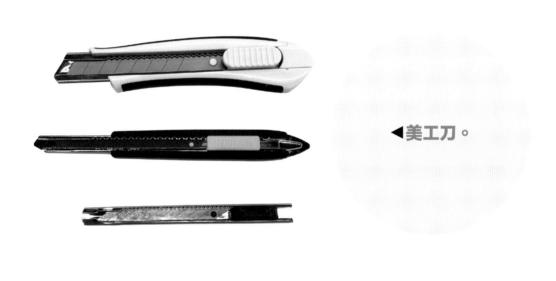

◀ 美工刀。

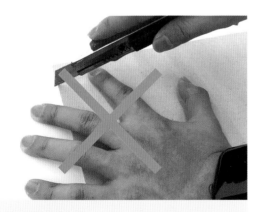

美工刀錯誤操作。

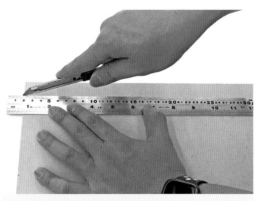

使用美工刀時應以直尺或鋼尺做為輔助。

手線鋸

需要切割木頭時，手線鋸會是一個很好用的切割工具。手線鋸長得就像是一把弓，有不同的深度可供選用，可以依據所需要切割的木頭深度與自己的手可以控制的力道來選擇。

手線鋸是透過弓上的鋸條進行切割，因此在操作手線鋸時要先檢查鋸條的張力與鋸條上的鋸齒方向。一般而言，使用手線鋸時的施力方向會朝向握把方向，因此鋸齒也會朝向這個方向唷。

手線鋸鋸條。

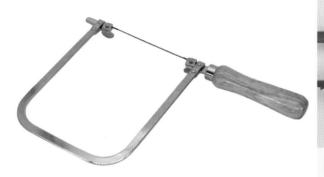

▲手線鋸。

鋸條鋸齒方向。

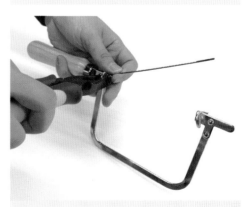

更換鋸條。

銼刀與砂紙

在修飾作品時，常會使用到銼刀與砂紙。一般而言，銼刀會在剛切割完物件、進行細部修飾時使用。假設用手線鋸切割後有不平整的地方，或是和切割路徑差太多時，都可以使用銼刀將物件磨至我們希望的範圍。在教室常使用的銼刀為什錦銼刀組，裡面有多種外型的銼刀可以協助修飾。

砂紙的則是在作品大致完成，對作品表面進行砂磨、上漆、拋光等作業時才會使用。我們通常會從號數小的砂紙用到號數大的砂紙，磨完之後作品表面就會變得十分光滑囉。

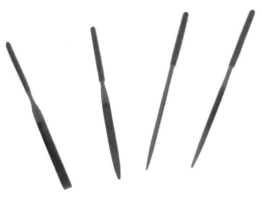

▲ **什錦銼刀。**　▶ **砂紙**（正面與背面）。

砂紙局部放大圖。

砂紙使用。

其他切削工具

折鋸

可以折起來的鋸子，簡單修剪樹木或切割木頭切割時都可以使用。切削時施力方向一樣是往回拉，由於上面會有許多交錯的鋸齒，因此操作時務必小心。

折鋸。

鋼鋸

可切削金屬物質，施力時雙手應分別握於前、後端握把，雙腳應與肩同寬保持平衡。

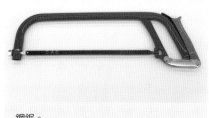

鋼鋸。

鑽頭

手搖鑽或手電鑽上面用來鑽孔的主要部分，稱為鑽頭。鑽頭可依照加工的材料分為三個種類：木材鑽頭、水泥鑽頭、金屬鑽頭。木材鑽頭除了中間有尖尖的針狀點外，旁邊還會有高起的刀刃，用來將木頭纖維切斷；水泥鑽頭前端會比較厚實，因為有些牆面加工時，會使用「敲擊」的方式鑽洞；金屬鑽頭前方則有用來將金屬刮除的刀刃。

鑽頭組。

鉗子類手工具

在加工時，鉗子就像是我們延伸出來的手指，可以幫我們做到夾持、扭轉及夾斷等動作。根據不同的加工狀況，我們會使用到不同的鉗子來處理物件。

老虎鉗

老虎鉗是最常出現在生活中的鉗子類工具，前端為寬厚的夾持區域，可用來夾起粗的電線或是鐵絲；中後段多半會有個小小的圓形，這是用來剝去電線外皮的小設計。

老虎鉗。

斜口鉗

斜口鉗就像是一把剪刀，可以用來剪斷電線或是其他不同材料。斜口鉗會有一個斜面、一個平面，操作時應將平面貼齊要保留的部分，再施力剪下。居家使用、可用來剪斷鐵絲的斜口鉗刀刃處較硬；電子元件所使用的斜口鉗則稍軟，但較為銳利；模型用斜口鉗刀刃又更軟，但銳利度最高，在剪下零件時能不留下任何湯口。

三種斜口鉗。

斜口鉗兩面。

尖嘴鉗

尖嘴鉗也是常見的家庭工具，有著尖尖的前端，可用於彎曲導線或夾持電子元件，將元件夾持到合適的狀態，進行剝線等動作。

尖嘴鉗。

槌子類手工具

　　槌子可以讓我們省力地將物件組合或是釘合起來,在加工不同的材料時,也會選用不同的槌子。下面就來看看有哪些不同的槌子吧。

鐵鎚。

鐵鎚

　　鐵鎚是一般人最常購買與使用的槌子,前端會有個較重的鐵塊,在使用前應該先確認握把上的鐵塊是否會晃動;如會晃動,則需敲擊鐵鎚握把處,透過慣性讓鐵塊穩穩地卡在鐵鎚上。

　　如果在組合物件時使用鐵槌,而材料較軟的話,應在敲擊處墊置木塊或是其他物件,以防止鐵鎚誤傷作品。敲擊鐵釘時也要注意安全,剛開始操作時可用尖嘴鉗或是老虎鉗夾持釘子,以免受傷。另外,擺放釘子時,應位於鐵鎚鐵塊移動的切線方向。

鐵鎚釘釘子操作圖。

釘子應擺放於鐵槌移動切線方向。

橡膠槌

　　因為鐵鎚很容易傷到加工的材料,所以也可以視材料的情況選擇較軟的橡膠搥。

橡膠槌。

其他手工具

起子組

想拆開家裡的東西看看時，通常會在物件上發現有用來將物體鎖住的螺絲，這時候就可以使用起子組將物件打開。螺絲起子組中包括了各種不同類型的起子，例如：一字起子、十字起子、內六角起子……等。

不同類型的起子也有不同的尺寸，像十字起子有的看起來比較尖，有的頭比較平，在使用時應挑選能剛好吻合的起子，以免發生「滑牙 ※」的情況唷。

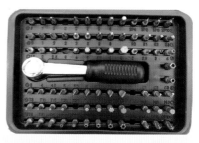

螺絲起子組。

不同尺寸的螺絲起子頭。

套筒組

螺絲有許多類型，除了前面所說的一字螺絲起子、十字螺絲起子、內六角螺絲起子，還有外六角起子等等。有了套筒組，可以讓我們在收納、攜帶與使用時更加便利。

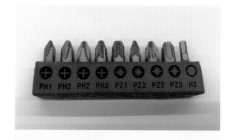

不同類型的螺絲起子頭。

套筒組。

※ 註：鎖附螺絲不當，造成螺牙正常角度損壞，無法進行
　　　鎖緊或拆卸，而在原地空轉。

扳手

　　有時我們使用較大的螺絲或是螺帽時，螺絲起子或是套筒可能無法協助我們順利拆下或是鎖緊，這時候就要換上扳手來協助我們完成動作。常見的扳手有梅花扳手（梅開扳手）與活動扳手。梅花扳手有不同的號數，只要找到對的號數，就可以用它來幫我們扭開或是鎖緊螺絲囉；不過因為扳手號數很多，因此後續又發明了更方便的「活動扳手」，只要旋轉上面的旋鈕就可以調整不同的開口大小，在家裡簡單裝修東西時十分方便。

梅花扳手（梅開扳手）。

活動扳手。

直尺與游標卡尺

　　除了各種加工工具外，在加工前與加工時的測量也是非常重要的。而在生科教室裡面，我們最常使用的兩種測量工具會是直尺與游標卡尺，下面就一起來看看要如何使用吧。

直尺

生科教室的直尺一般來說會是金屬的「鋼尺」，和鉛筆盒裡放的直尺較為不同的地方是：這些鋼尺上面的 0 會是在尺的邊緣處，因此不會看到 0。這個不同之處是為了測量角落時而做的改變，但平常在測量時則會從 1 開始測量，以避免鋼尺磨損造成的誤差。

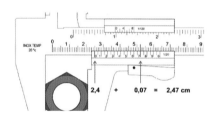

▲鋼尺。

游標卡尺

游標卡尺則是另一項在生科教室中常常使用的測量工具，它可以精準地測量到小數點第二位的數值。游標卡尺上有主尺與副尺，可以用來測量「內徑」、「外徑」與「深度」三種數值。

▲ 游標卡尺數值辨識。

游標卡尺測量內徑。

游標卡尺測量外徑。

游標卡尺測量深度。

基本工程識圖

　　有句話說：「工程圖是工程師的情書。」工程師可以透過工程圖來精確地傳達彼此之間的想法，在實作課程中，也會不斷地透過工程圖來確認想法，才能在加工製作前先把不必要的錯誤挑出來修改。

　　要完成一張工程圖，需要很多經驗與各種細節處理，這邊就先來看看要如何簡單地判別一張工程圖上的內容吧。

工程視圖與基本線條說明

　　在繪製工程圖時，我們會希望它愈簡單愈好，同時又標註上足夠明確的資訊提供我們做判讀；因此會採用一種稱為「投影」的簡單方式，將立體物件轉化為三個視圖。下圖即說明了將立體物件變換成視圖的方法。

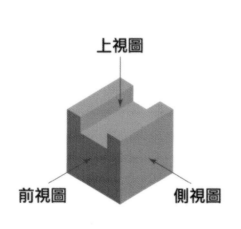
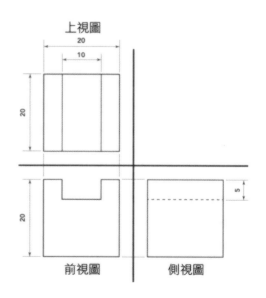

▲立體圖與物件投影。

　　在投影出的視圖上可以看到：正對視圖且可看到的物件邊緣會以粗實線標示，看不到的邊緣則會以虛線呈現，這就是最簡單的工程圖線條標註方式。

工程圖尺度與圖例說明

　　工程圖上會有一些簡單的標示，這些標示可以讓我們知道每條線的長度與角度或是不同的加工方式，下面有一些簡單的標註，一起來認識看看吧。

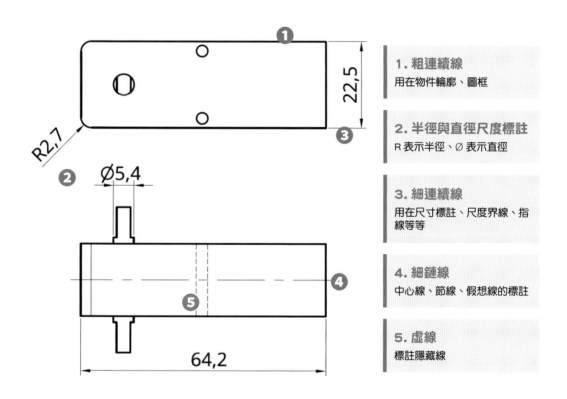

1. 粗連續線
用在物件輪廓、圖框

2. 半徑與直徑尺度標註
R 表示半徑、∅ 表示直徑

3. 細連續線
用在尺寸標註、尺度界線、指線等等

4. 細鏈線
中心線、節線、假想線的標註

5. 虛線
標註隱藏線

▲ 工程圖尺度與圖例說明。

小提醒

其他線條標註方式與圖例可以查找 ISO 以及 CNS 規範，上面都有更詳細的規範與說明。

實作 1　益智魯班鎖

魯班鎖是傳統的建築梁柱固定方式，後來則發展成有趣的益智玩具。解開魯班鎖有一定的順序與組合方式，可以考驗解題者的空間動態邏輯能力。下面我們就從最簡單的「三星歸位」魯班鎖開始，一步步地學習繪製工程圖和工具操作吧。

▶「**三星歸位**」魯班鎖。

材料準備

- ☑ 木條
  （15mm×15mm×90cm）
- ☑ 白膠（木工膠）
- ☑ 5mm 方格紙。

工具準備

- ☑ 直尺
- ☑ 剪刀
- ☑ 手線鋸
- ☑ 銼刀
- ☑ 砂紙
- ☑ 桌邊虎鉗
- ☑ 鉛筆

開始動手做！

1 先參考附錄 1 的圖片，依照三個魯班鎖的三視圖尺寸，用鉛筆與直尺在方格紙上描出外觀。

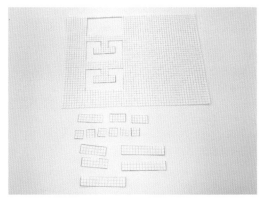

2 接著依據木條寬度，將描繪好的圖案分割成寬度為 15mm 的條狀。

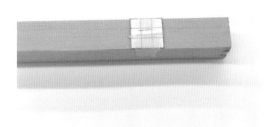

3 將畫好的圖案剪下來,用紙膠帶貼到木條上。

4 在圖案邊緣用鉛筆於木條上畫上直線,然後間隔 2mm 再畫出下一條。

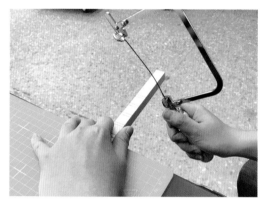

5 將木條倚著桌邊,手壓持著桌面上的區域,使用手線鋸切割。

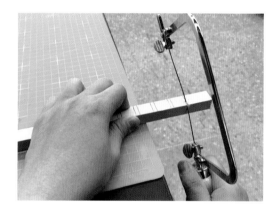

6 切割時注意施力方向朝下。

小提醒

快切斷時,注意手部要降低施力力道。

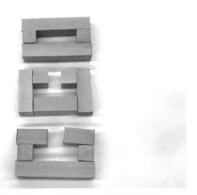

7　用白膠或是木工膠依據各側視圖黏合木條。

8　木條黏合好後，將砂紙放置於桌面上。先從號數小的砂紙開始砂磨，將邊緣的木屑磨除；再將表面用號數較大的砂紙磨平，就完成囉。

小提醒

在黏合時注意白膠不要欠膠。如果壓合木條後有膠溢出，用濕抹布將它擦拭乾淨即可。

小提醒

如果切割時發現內側孔洞有切割不平整的狀況，可以使用平銼刀將不平整面磨除。

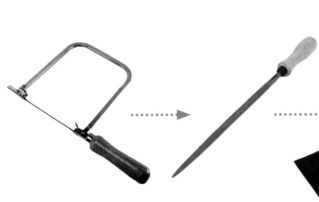

▲ 線鋸→銼刀→砂紙

小提醒

加工時的順序都是先切割大塊材料、製作成大致上需要的外觀；再來才使用較小的加工工具如：鑿刀、銼刀等，進行細部修飾；最後才用砂紙等工具做表面優化。

進·階·挑·戰

完成了簡單版的魯班鎖之後，還可以挑戰看看其他類型的木作小專題！

【手擲機】

使用 3mm×3mm 的木條搭配輕薄的巴沙木，製作出可以在夏天帶去公園玩的有趣手擲機。

【木頭吊飾】

將木條切割後黏合，並鎖上鑰匙圈，獨一無二的可愛吊飾就完成囉。

【承重橋梁】

生活科技課程的經典活動，使用 3mm×3mm 的木條，在小組討論與規劃下設計出能夠承載最重重物的橋梁。每根木條接合處是否能緊密貼合為製作時的小關鍵。

 想一想，你還可以怎麼做？

第 2 課　電動工具介紹與操作

第  課

電動工具介紹與操作

學習重點

1. 認識生科教室會出現的電動工具與電動手工具。

2. 了解基礎電動工具與電動手工具的安全使用方式。

3. 了解生科教室安全守則。

4. 使用電動工具與電動手工具完成作品。

在前一章節中，我們認識了許多常用於生活科技課程中的手工具，並學習到如何操作這些工具。現在，讓我們更進一步認識一些方便的電動手工具，學習如何在更短的時間內製作出更多樣的作品吧。

加工區域安全守則

　　因為我們在此要進階使用電動工具，因此在操作前我們需要注意一些安全注意事項。在衣著上應穿著有保護性的衣物，如以能包覆腳趾的鞋子、具有硬頭及厚底的鞋子，取代夾腳拖或是拖鞋，以免被工具砸傷腳或是踩到銳利物刺傷腳板，避免穿寬鬆的衣服等。一定要注意這些細則才能保護自己唷。

024

1. 進入加工區域應穿著合身衣物，避免穿著裙子、有蕾絲的衣服，以免被機器捲入。

2. 進入加工區域應將較長之頭髮與衣服上的束帶等收起，以免被機器捲入。

3. 不得穿著拖鞋、較軟或是底部較薄的鞋子，以免工具、材料落下時受傷，或是踩到銳利物造成腳受傷。

4. 禁止在加工環境中大聲喧嘩、嬉鬧、奔跑。

5. 若因為生病服用任何藥物，或者身體有不舒服的狀況，請勿進入加工區，以避免發生危險。

6. 在操作機具與設備時，務必穿著工作服或圍裙；使用機器時應配戴護目鏡以免物體飛入眼睛，並配戴口罩以免吸入粉塵。

7. 務必保持工作區的整潔，若有木屑、殘膠、油漆等髒汙，必須清理乾淨後再離開，以確保下次加工的安全。

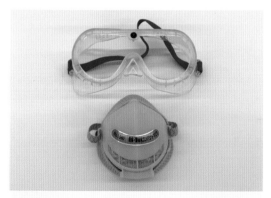
護目鏡與口罩。

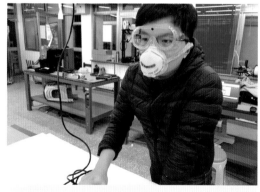
配戴護目鏡與口罩以避免吸入粉塵。

了解了進入加工區域的安全事項後，接著一起來看看方便的電動加工機具吧。

電動切削類工具

　　在生活科技課程中，切削類的電動工具是非常重要的一種加工工具，透過電力與馬達的輔助，就可以切割更大型、更堅硬的材料，並使用這些工具製作出更多樣化的作品。下面將介紹一些在生活科技課中常見的切削類電動工具。

線鋸機

　　線鋸機是手線鋸的電動進化版，也是生科教室中最常看到的電動加工機具之一，是一組透過馬達帶動，使鋸條上下進行往復運動的電動加工機具。由於線鋸機是手線鋸的進化版，因此上面鋸條的鋸齒方向一樣是朝機器的下方安裝，並在鋸條往下拉的時候切削材料；同時，由於鋸條十分地細，因此可以協助我們快速的切割出想要的形狀。

　　在操作前，須注意自己所站立的位置四周應整理乾淨，確認自己操作時的重心平穩後，才能將手置於加工平臺上準備加工。在操作時應以一隻手做為輔助，單純地執行將材料壓於平臺上的動作；而另外一隻手則用來控制材料前進的方向，才能確保加工材料不會因為線鋸機的往復運動而從平臺上被拉起。

線鋸機。

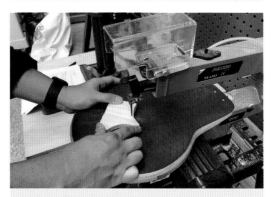

左手壓著木材，右手調整方向。

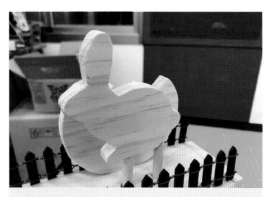

線鋸機切的兔子。

鑽床

　　鑽床是另一項在生科教室常見的電動加工機具。它可以幫助我們快速地在材料上鑽出需要的孔。在使用鑽床前，應先選擇適合的鑽頭（可以參考前一節的鑽頭介紹），木頭應選擇木工鑽頭、金屬選擇金工鑽頭等。較軟的材料可以手按壓握持來固定，使用較硬的材料則需使用夾持工具，如虎鉗等來夾持加工材料，以確保加工安全。

　　使用鑽床時，務必記得在加工的材料下墊上其他的材料，以免造成加工位置的孔洞不平整。

鑽床。

不同類型的鑽頭。

帶領國小學生操作機器的側拍，操作時只要符合規定就會很安全。

材料下方應使用其他材料墊著，以確保加工孔洞平整。

圓盤式砂帶機（砂盤機）

圓盤式砂帶機（砂盤機）也是生科教室中使用率數一數二高的機器。一般而言，學校所使用會是具備圓盤式砂帶機與砂帶機的「複合式砂帶機」，讓加工可以更加便利。

圓盤式砂帶機是將砂紙貼在圓形轉盤上，在轉盤旋轉同時將材料伸入砂磨的機器。在操作時同樣使用一隻手輔助，身體呈弓箭步，將材料穩固的壓在平臺上，除了下壓的力量，輔助手不要產生前後任一方向的施力，並使用另一隻手調整材料的加工狀態，以確保身體不會因為重心不穩而碰到機器、產生危險。

單純砂帶機的部分則會有一塊倚靠的擋板，材料可以倚著擋板進行加工，避免材料飛出發生意外。

複合式砂帶機。

砂盤機使用方式（將材料放在工作平臺上，左手輔助、右手移動）。

砂帶機使用方式（將材料倚著擋板，左手輔助、右手調整）。

✏️ 小提醒

鑽床與砂帶機都屬於旋轉類機器，在使用前應注意身上是否有懸垂的物體：如較長的頭髮、帽 T 的束帶等等，如果有的話應將起捲起、綁好或是更換衣物，以免發生意外而捲入機器中。

手持電動加工機具

在生科教室或教學工場裡，我們很容易就能接觸到上面所提到的電動加工機具；但離開這些環境之後，更常在我們身邊出現的會是一些小型的手持式電動加工機具。接下來我們一起來看看這些好用的工具，說不定你家裡的工具間裡就有一組呢。

手持電鑽。

手持電鑽

手持電鑽是一種非常方便的居家工具，搭配不同的螺絲套筒就可以在不同場合下使用。常見的手持電鑽的前端有一個三爪的快速夾頭，這個夾頭可以透過旋轉調整成不同的開闔大小，並可以夾持不同類型的螺絲起子或是鑽頭。我們可以用它事半功倍地鎖好家中的櫃子，或是在需要時在牆上鑽洞，掛上自己喜歡的裝飾物。

手持電鑽分成無線或充電兩種類型，有的電鑽會有用來調整扭力的旋鈕，有的則有震動轉換的功能，以協助牆面鑽孔。

裝上鑽頭的手持電鑽。

裝上螺絲起子套筒的手持電鑽。

電動起子

電動起子可以視為扭力比較小的手持電鑽，常見的電動起子可依不同的螺絲做較精確的扭力調整，在扭力到達螺絲極限時即會停止旋轉，以避免滑牙。因此，不同的加工狀態建議還是使用不同的加工機具，以獲得較好的加工品質。

手持線鋸機

在前一章節中，我們使用了手線鋸來製作作品，也認識了教室或是加工工場的線鋸機。回家後想做些簡單的木工時，我們也還有「手持線鋸機」可以選擇。

拿到手持線鋸機時可以先注意：它的鋸條比我們使用的手線鋸及線鋸機更粗，而且只有一邊夾持進機器內，由於鋸條多半經過設計，因此裝上時會發現鋸條切割方向朝向機器內，即往上的方向；因此，我們只要確定好加工時的工作環境，就可以避免發生意外囉。

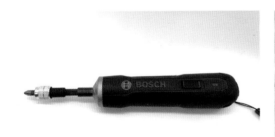

電動起子。

手持線鋸機。

手持線鋸機的鋸條。

手持線鋸機操作。

手持砂磨機

　　要對作品進行表面處理，除了之前使用的砂紙和銼刀之外，也可以選用手持砂磨機。手持砂磨機是將砂紙貼於機器下方的手持機器，透過高速震動的方式取代用手反覆移動砂磨的操作，可以幫我們省下非常多的時間與力氣。但操作時同時會產生許多粉塵，因此建議配戴口罩與護目鏡來保護自己。

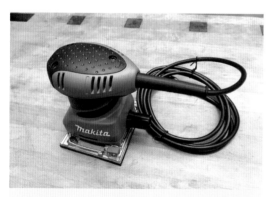

手持砂磨機。

底部砂紙。

使用方式。

建議配戴口罩與護目鏡。

實作 2　療癒木書架

認識了電動加工機具後，就可以處理更複雜的材料了。這邊就以可以用來整理桌上書本的木製小書架做為我們的練習作品吧。

材料準備

- ☑ 紐松（300×140×14mm）
- ☑ 合板（300×140×3mm）
- ☑ 木螺釘，1吋半（4）
- ☑ 木螺釘，2吋（4）

工具準備

- ☑ 直尺
- ☑ 銼刀
- ☑ 砂紙
- ☑ 鉛筆
- ☑ 白膠（木工膠）
- ☑ 鑽床
- ☑ 線鋸機

開始動手做！

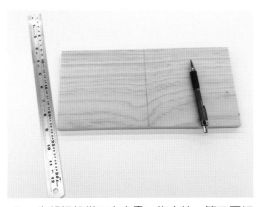

1 先將紐松從正中央畫一條直線，等下要切開做左右靠板。

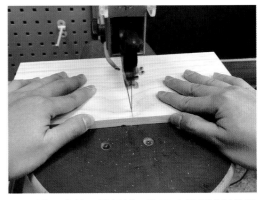

2 接下來使用線鋸機，依照我們所繪製的線條切割木板。

小提醒

使用線鋸機時，一手將材料壓在工作檯面上，另外一隻手推木料。要記得：手不得放在線鋸機的鋸條前面（如上圖，施力的是右手的拇指，左手只將木材壓在線鋸機臺上。）

3 木板切下來後,在兩塊木板上分別畫上自己想要的圖案。

4 圖案中有些內部的區域需要切除,這時候要用一些小技巧才能完成這個動作。首先,使用鑽床在要切除的區域上鑽個小洞。

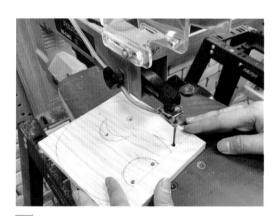

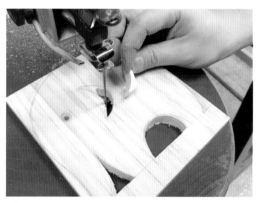

5 將線鋸機鋸條從剛剛鑽的孔中間穿過。

6 沿著所畫的線條切割。

小提醒

裝置鑽床鑽頭時務必要將鑽頭鎖緊,以免發生鑽頭飛出的意外。

重要提醒：

使用鑽床、砂輪機等旋轉類機器時，務必將頭髮、領帶、帽 T 束帶等等垂懸在身上的物體綁起、收起或是取下，以免發生「捲入」機器的意外。

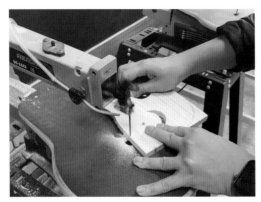

7 切除內部不要的區域後，再切除外部不要的區域。

8 切好的成品如圖。

小提醒

如果切割不要的區域時較難施力，可以先將它切成一段一段的，然後再順著畫好的線條切割，這樣材料就會變成小塊，施力也會比較輕鬆喔。

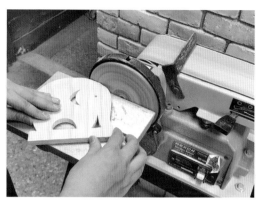

9 切割完之後，可以使用砂輪機將切好的作品外圍進行砂磨處理，讓表面變得圓滑，並清除剛剛畫線的筆跡。

10 內部無法使用砂輪機磨到的地方，則可以使用砂紙或是什錦銼刀將作品磨得更加滑順。

再次重要提醒：

使用鑽床、砂輪機等旋轉類機器時，務必將頭髮、領帶、帽 T 束帶等等垂懸在身上的物體綁起、收起或是取下，以免發生「捲入」機器的意外。

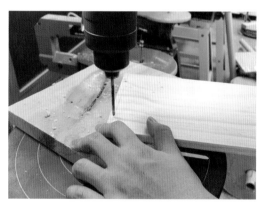

11 接下來拿出另一塊板材，在分別距離短邊 6mm（木板一半厚度）的地方用 3mm 鑽頭鑽兩個洞。

12 鑽好後就可以將木螺釘塞入，再與剛剛切好的側板互相鎖入，小書架就大致完成囉。

13 接下來拿出 3mm 的合板，依照切好的側板外型，用鉛筆標註出一個適合的範圍與平面。

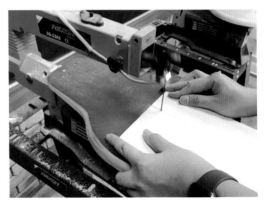

14 使用線鋸機將背板切成適合的大小。

15 鑽出鎖螺釘的孔，鎖上之後就完成囉！

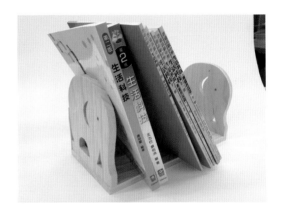

16 完成的書架。

教學 小建議　如果教室設備允許的話，可以使用沙拉刀沉孔鑽頭，可以讓螺釘頭藏在木材中，看起來會更加漂亮。

進 · 階 · 挑 · 戰

　　學會使用電動機具協助加工後，接下來我們就可以使用比較厚實的木頭來完成自己的作品囉。

▶ 【小木刀】
使用不要的廢木材製作小木刀，打造自己的木玩具！

【手機座】 ◀
使用不同的原木製作出獨一無二的手機座。

▶ 【小凳子】
生活科技課也可以拿來製作實用小家具。用可取得的材料做出一把小凳子帶回家使用吧！

 想一想，你還可以怎麼做？

第 ③ 課

機構、機架、機件與創意思考法

學習重點

1. 認識身邊的機構物件。
2. 了解機構、機架與機件的差別。
3. 能應用木工技巧。
4. 使用電動工具與電動手工具完成作品。

在我們學會使用電動機具製作木製作品後，接下來大家就可以想想家裡或是身邊有缺少什麼東西，用前面所學到的加工方式將它製作出來。但木頭並不是只能製作家具、擺飾之類的小物品，如果結合機構、機件、機架等元素，木頭也能像小木偶皮諾丘一樣動起來喔！

　　本章節中我們將挑戰用木頭做一些可以「動」的作品，像神奇的魔法師施上魔法一樣，讓木頭活過來吧。

機構、機件與機架

　　機構、機件與機架是我們身邊會動的東西中很常出現的元素。如果我們拆開玩具迴力車，會看到迴力車後面有個白色的齒輪箱；如果拆開齒輪箱，會看到裡面有很多白色的小齒輪、金屬軸和金屬簧片，這些東西就是「機件」。

> **機件：機構中的小元件，單一一個齒輪、軸承、棘輪都是一種機件。**

接下來我們拿起外面的齒輪盒，原本機件是裝在齒輪盒上面，這些盒子即形成了這些機件的骨架，讓每個元件可以安安穩穩的停留在齒輪盒裡面，我們稱呼這些可以固定機件的結構為「機架」。

> **機架：可以固定機件的結構，可以是片狀，或是箱型的。**

齒輪箱（機架）。

不同的機架。

知道機件和機架後，我們就可以來認識「機構」了。機構是機件的組合，當我們需要一種動作的時候，將不同的機件組合起來，就會形成我們要的機構。比方說，腳踏車車輪和踏板的齒輪間需要加上鏈條，腳踩踏板的力量才會傳動到齒輪上，帶動車輪轉動；車輪、齒輪、鏈條與踏板組合起來，就可以完成讓腳踏車前進的動作。

> **機構：一種透過機件與機架，為了達成某一種目的而進行排列組合，設計出來的結構。**

在齒輪箱中，第一個能見到的就是「減速機構」。因為上面的馬達轉速很快，因此需要透過齒輪，將轉速不斷地變小，來達成減速的動作。減速的同時，扭力會變大，因此就能推動車子囉。

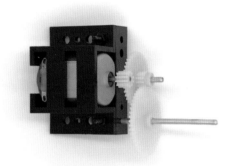

減速機構。

減速機構（說明：大小齒輪造成轉速變慢）。

常見的機構

機構有許多不同的類型，在生活科技課程中會認識一些基礎的機構，可以協助我們完成需要製作的作品，下面就來看看有哪些常見的機構吧。

齒輪機構

齒輪可以用來傳遞能量、改變方向、調整輸出速度與力量，而且可以透過簡單的數學比例關係來分析輸出速度與力量，因此齒輪是生活科技課中最常看到、使用的機件之一。在生科教室常見的齒輪有正齒輪、傘齒輪、面齒輪、蝸齒輪等等。

正齒輪、傘齒輪、面齒輪、蝸齒輪。

凸輪機構

要讓物體動起來最簡單的方式就是「推」它，而凸輪可以讓我們在作品中簡單又快速的達成動起來的目標。簡單的凸輪可以繪製個橢圓形或是蛋形就可以讓我們的作品以不同的方式運動囉。

簡單凸輪。

急返凸輪。

連桿機構

連桿機構是一種傳遞機械能的結構，可以透過不同的桿件配置讓作品做出往復運動或是平行、迴旋等等的動作。加上連桿後，我們就可以做出搖頭電風扇、堆高機、機械手臂等有趣作品。

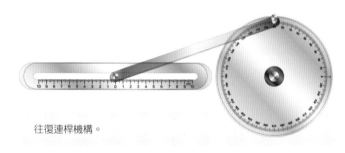

往復連桿機構。

機械手臂。

今天如果想製作出一個會動的物件，就可以選擇所需的機構來使用，並重新排列組合。千萬要記住：同一件東西並非只有一個機構可以選擇，發揮創意製作出自己獨一無二的作品吧。

創意思考法

設計作品時，我們會需要提出許多想法做為選項；但一瞬間要想出好幾種想法可能會困難，這時候「創意思考法」就能用來協助我們解決這個問題。下面就一起來看看有哪些好用的創意思考法吧。

腦力激盪法

腦力激盪法是我們最常在不知不覺就用到一種創意思考法。操作方式很簡單，就是大家盡量提出看法即可。重點在於：提出看法時盡量提供他人正面的回饋，並鼓勵不同人交互發言，這樣才能得到最多的想法。

奔馳法（SCAMPER）

奔馳法是由美國心理學家羅伯特·艾伯爾（Robert F. Eberle）所發明的一種創意思考法，主要用於改善加工製程或是改良產品。在設計作品時，這也是個非常好用的方法。

1. Substitute（替代）：有沒有其他東西可以取代現在的材質或是功能呢？

2. Combine（合併）：有哪些功能可以和原本功能合併結合成新的物件呢？

3. Adapt（調適）：現有的東西有沒有可以微調的地方呢？

4. Magnify/Modify（修改）：改變原有作品的某些特質，如聲音、意義、顏色等等。

5. Put to other uses（其他用途）：現有的東西有沒有別的用途呢？

6. Eliminate（消除）：那些東西可以刪除？那些東西可以更精簡？

7. Re-arrange（重排）：將原本的操作順序或是結構重排。

　　我們可以透過這七種指示，在製作或是思考問題時提醒自己：這次做的作品有什麼地方可以改善？是不是能讓作品變得更輕便？如果是製作零錢包的話，可以用牛皮、牛仔布料，也可以用防水纖維；如果是製作書桌上的筆筒的話，是否能跟書架結合？是否可以直接增加鉛筆袋的單邊強度，讓它變成筆筒？

　　透過像這樣的思考方法，可以讓我們的作品變得更加豐富、有趣。其他還有很多不同的創意思考法，如六頂思考帽、心智圖法等，有興趣的讀者可以再查詢相關資料。

 小提醒

創意思考法的重點在於盡量增加自己能取得的想法，在現階段並沒有講求想法的限縮與明確性，因此不用急著找尋單一解答，能有愈多想法就是最好的成果唷！

實作 3　創意機構玩具

認識了不同機構之後，接下來就可以來製作我們的創意機構玩具囉！

開始動手做！

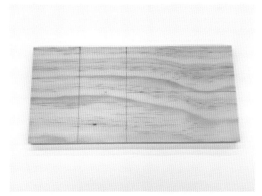

1 拿出一片 300mm×140mm×14mm 的紐松，從正中間劃一條線，再從其中一半的中間再畫一條中線；另一邊則畫出一條垂直線。

2 畫好後使用線鋸機將其切開，可以得到兩塊 75mm×140mm 的木板，以及 70mm×150mm 的木板。

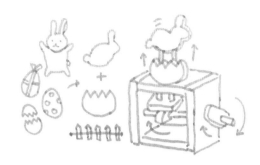

3 將其疊起來，可以得到一個框架，這個框架就是我們要用來做機構玩具的機架囉。

4 接下來我們可以想想看：要在機構玩具上呈現什麼樣的效果或故事？可以是是兩個人在搗麻糬，也可以是一個人在游泳。先大致構思出想法，然後再來思考這樣的想法需要哪些動作？這些動作需要搭配哪些機構？你可以繪製草圖來表示。

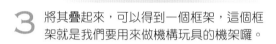

小提醒

建議先想故事，再思考動作，最後努力找出合適的機構來完成動作，這樣作品會更豐富，也能夠學得更多唷。

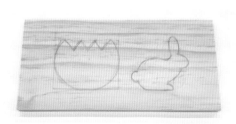

5 將故事內容需要的物件與圖案畫在另一塊木板上。

6 將零件切割下來。

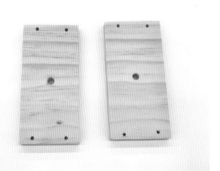

7 在剛剛切下來側邊木板的中間邊緣,用鑽床開四個 3mm 的孔。由於這個作品轉軸在正中央,因此我另外用了 8mm 的鑽頭,在木板正中央鑽出了一個 8mm 的孔。

接著,在上板適合的位置也用 8mm 的鑽頭鑽出孔洞;鑽好後,將側板、上板與底板鎖起來試試看吧。

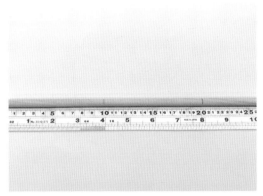

8 鎖起來後,將木條穿過去看看長度與木條運作是否滑順?如果有卡住或是不滑順的狀況,再使用前面小節所提到的什錦銼刀將孔洞磨大一些。這裡建議反覆測試,以免將孔洞磨得太大了。

9 砂磨好後,使用鉛筆在木條上做上切斷處的標記。這邊建議比我們組裝的機架寬度多個 5 公分。

✏️ **小提醒**

使用線鋸機切割圓木條時,不要直接將圓木條切斷,否則很容易裂開。建議先切出一個小缺口後,用手指旋轉圓木條,並緩緩將木條推入,這樣切出來的切痕就會很漂亮唷。

10 因為要讓小白兔跳起來,所以底部也要插上圓木條。加工鑽孔時要在鑽床上加裝鑽床虎鉗,以免搖晃或是物件飛出發生意外。

✎ 小提醒

由於木料比起金屬來得軟,因此加工的材料旁要墊上不要的廢木料,以免傷到作品。

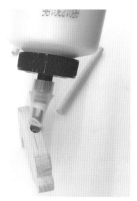

11 鑽好孔之後,就可以將所有元件組裝起來囉。在孔洞內塗上木工膠或是白膠,其他元件上同樣塗上適量的木工膠,加以組合。

12 先將小白兔組裝起來。

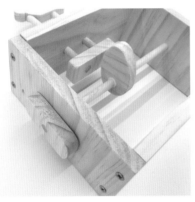

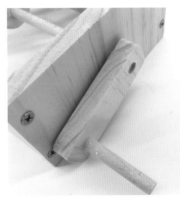

13 在中間橫桿的部分凸出來的末端黏上一個擋塊，用來防止木條掉出來。

14 另外一端則加上轉動的握把。

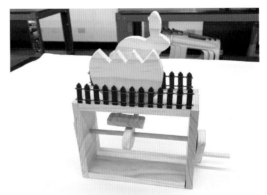

15 將所有零件組裝好。

16 加上裝飾後，兔子能上下跳動的創意機構玩具就完成囉！

小提醒

一開始如果要做簡單的凸輪玩具，下面被頂起來的木板建議跟凸輪的最大寬度一樣，這樣凸輪就可以順利轉動囉！

進 · 階 · 挑 · 戰

機構玩具還可以做出許多不同類型的變化，我們一起來看看其他類型的作品吧。

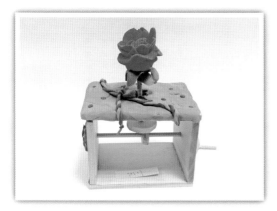
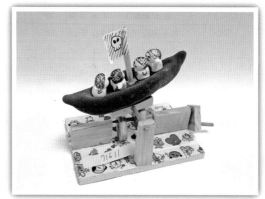

新北市三和國中學生作品

指導老師
生活科技科楊雅茹老師

看了這麼多有趣的作品，你會想用機構設計出什麼樣有故事的作品呢？不妨快點嘗試看看，並把你的想法跟身邊的人分享討論吧。

PART
2

電子電路設計與製作

在生活科技課程中，認識電子電路也是課程的一大重點。在這個部分，我們將會透過製作出各種電路，來認識與了解構成現代生活的基本電子元件，並藉由活動學習如何安全地操作及使用這些加工工具，進而完成作品。或許您會覺得這些工具看起來很陌生，但其實只要照著接下來的步驟操作，就能很快製作出專屬自己的第一個電子實作作品囉。就讓我們一起探索有趣的電子世界吧！

生科小講堂

生科實驗室

Column　電子工具與常見材料購買方式

第 ④ 課

認識基本迴路與焊接

學習重點

1. 認識焊接工具，並學習如何正確並安全地使用焊接工具
2. 認識基本電子迴路
3. 認識電池座、電池、燈泡與開關
4. 能透過簡單的電路圖連結真實物件
5. 能發揮個人經驗與創意以電子元件進行其他創作

焊 接工具就像是一套武器裝備，有著攻擊和防禦不同類型的工具。常見的焊接工具包括：電烙鐵、烙鐵架、海綿、尖嘴鉗、斜口鉗、熱熔膠槍和美工刀等。在實際使用之前，我們要先來說明這些工具的功用，以及安全的使用方式。

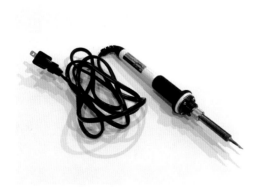

常見的電烙鐵。

電烙鐵前端為烙鐵頭，可以做不同的更換。使用後需注意必須將烙鐵頭清理乾淨，並點上焊錫，以免生鏽。

認識焊接工具

電烙鐵的操作

　　電烙鐵是我們進行焊接加工時最重要的工具，但它就像是遊戲主角佩帶的寶劍，雖然好用但也具有危險性。電烙鐵的金屬部分又稱為「烙鐵頭」，接上電源後溫度會高達 200 ～ 400 度，如果碰到身體會瞬間燙傷，因此千萬要小心使用。

　　從剛接觸時電烙鐵，就應該養成一個標準工作程序：操作電烙鐵前應將電烙鐵置於烙鐵架上，並在不使用的時候將電烙鐵上的插頭從插座上拔下。養成習慣，才能確保安全。

　　操作時應使用握筆的方式握持電烙鐵。記住：不能碰觸金屬部分，以免燙傷。

使用電烙鐵時應以「握筆」的姿勢握持電烙鐵。

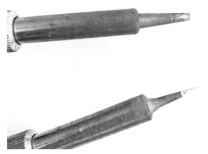

市面上有許多種類的烙鐵頭可做更換。

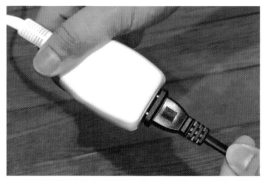

不使用電烙鐵時應將插頭拔除，且拔除時不得拔取線端。

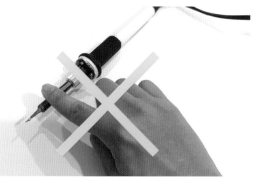

電烙鐵前端的「烙鐵頭」溫度非常地高，因此切記千萬不要用手或身體觸碰，以免燙傷。

烙鐵架的使用

烙鐵架是用來放置電烙鐵的工具，有點像是寶劍的劍鞘。它的主要功用是避免電烙鐵在桌面上滾動發生危險，並可以讓我們放置鋼絲絨或是海綿等清理電烙鐵的工具。在進行焊接操作時務必要準備這項工具，以免讓電烙鐵燙到自己。

海綿與鋼絲絨

由於電烙鐵本身會持續加熱，且烙鐵頭尖端會有銲錫黏著，因此可以將海綿沾濕，放置於烙鐵架放置海綿的區域。操作焊接時，海綿可以協助清潔電烙鐵的烙鐵頭並降低溫度，讓電烙鐵保持在最適宜的加工溫度。

你也可以使用鋼絲絨來清除電烙鐵上的銲錫，並達到降溫的目的。

烙鐵架可放上海綿。

電烙鐵不使用時應放置於烙鐵架上。

常見的黃色海綿。應將其加水後放置於烙鐵架上。鋼絲絨也可以達到一樣效果。

使用電烙鐵前再用海綿或鋼絲絨清除殘餘的銲錫。

尖嘴鉗與斜口鉗

尖嘴鉗與斜口鉗也是進行電子作業時的必備工具。尖嘴鉗可用於夾取物件，我們可以使用它來夾取較小的電子元件，或是在電線卡在電路板的孔洞中時將其拉出；斜口鉗則可以剪斷物件，可以用它來剪去已焊接好的電子元件金屬接腳，讓電路板變得整齊又乾淨。

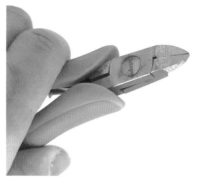

斜口鉗以平面處貼於要剪斷的物件，以剪到適合的位置。

▶ **尖嘴鉗**
前端是尖的，用於夾持電子元件。可將元件夾持到合適的狀態並做剝線等動作。

◀ **斜口鉗**
前端有斜的刀口，用以夾斷電線或是元件多出來的接腳。使用時以斜口前的平面做為基準面。

銲錫與吸錫器

　　銲錫是焊接時的材料，它是一種含錫、鉛等金屬物質的混合物。我們用銲錫將電子元件固定於電路板上，使電子元件間能彼此連接並發揮功用。吸錫器則是用來吸除銲錫的工具。有時候可能會發生必須將電子元件移除的情況，這時我們就會使用吸錫器將銲錫從電路板上吸除。

銲錫用來黏合電子元件和電路板。

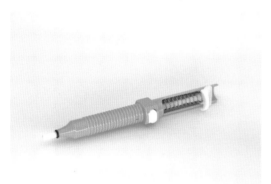

吸錫器可以吸除多餘或是錯誤的銲錫。

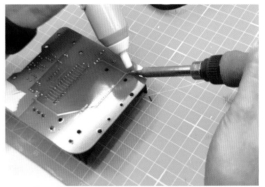

操作吸錫器時先將電烙鐵放於銲錫上加熱，然後將吸錫器伸入吸除銲錫。

教學 小建議

操作焊接時務必要準備本章中所提到的工具。如果學生在課堂上屬於較浮躁的類型，可以安排學生以 2～3 人為一組的形式操作一組工具，並互相提醒幫忙。此外，焊接用的桌面最少要預留一張 A3 紙的工具擺放空間，不建議在過擠的環境操作焊接工具，以免學生間互相燙傷。

基本電路介紹

進入電子電路的世界後，接著就來練習看電路圖吧。電路圖是以簡單的符號來表示出所要使用的每個電子元件。以下是一些我們在國中課程中常見的元件符號，同學們如果有看到新的符號時務必記下來，認識愈多元件，以後可以應用的元件也就愈豐富。

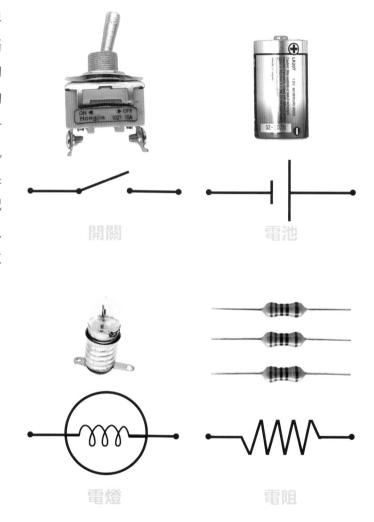

開關　　　電池

電燈　　　電阻

▶ **常見電路符號**

在國中課程中常見的電路符號，將電子元件簡化後變成簡單的符號。

實作 4 小小手電筒

進入生活科技的世界後,我們就能嘗試製作出許多好玩的東西,為自己的生活增添樂趣。在本章節中,我們要學習一項新的技能——在自己的專題中加入簡單的電路,讓作品可以產生更多有趣的反應!

在這邊我們先從最簡單的小電路開始,用一顆小燈泡、電池座與開關製作出一把閃亮亮的手電筒,外裝可以隨著不同節慶進行變換。動手打造專屬你的節慶手電筒,帶到班上讓其他同學羨慕一番吧!

材料準備

- ☑ 小燈泡
- ☑ 3號電池座
- ☑ 小馬達
- ☑ 小風扇
  （以上可直接購買文具店常見的小燈泡馬達組。）

- ☑ 彩色玻璃紙
- ☑ 白紙
- ☑ 不要的瓶子（或是盒子）

開始動手做!

首先來思考看看我們要接的電路。一般來說電路會有一個電源（此處為電池）、一個負載（此處為電燈）和一個開關。

如果今天缺少電源的話,電燈就會無法順利亮起;今天如果缺少負載的話,電池會瞬間發燙,然後就有可能會導致失火或是爆炸的狀況——這其實是很危險的——這個狀態我們稱為「短路」。而沒有開關的狀態下,電路則會持續運作,直到電池沒電為止。

為了要製作出可開關的手電筒,在此三個元件都要加上,並且將其焊接固定好。

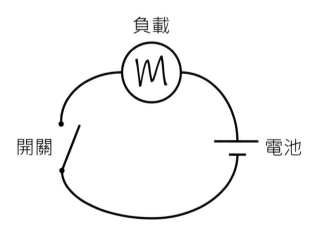

負載

開關

電池

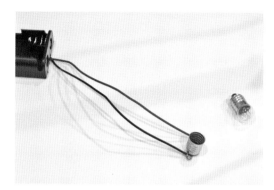

1　了解目標後，接下來就可以來連接我們的電路了。首先先將電池座上面露出來的電線摺成 U 字形，這樣等下就可以很輕易地勾到燈泡座上。

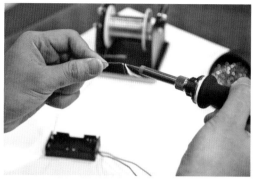

2　勾上燈泡座後，我們就可以拿起電烙鐵來進行焊接。在操作電烙鐵時要注意電烙鐵應放在烙鐵架上，並將海綿用水沾濕。測試電烙鐵溫度時應將焊錫與電烙鐵尖端相接觸，如果有冒出白煙且焊錫融掉的話就是溫度到囉。

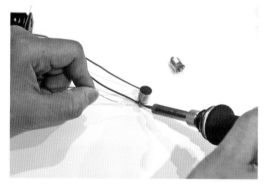

3　焊接燈泡座的時候，應該先將電烙鐵伸到燈泡座與電線接觸的地方，將其加熱，加熱後再將焊錫伸入。焊錫會漸漸融化，並將電線與燈泡座連接。連接後，將焊錫先移出，然後再將電烙鐵移開即可。

4　都焊接好後，就可以先將電池裝上，測試看看是否焊接正常？

✎ 小提醒

一般的燈泡由於沒有方向性，因此不用擔心電池裝反燒壞的問題，但這邊還是要先裝上測試看看自己的電路是否有確實連接？或是是否有電路空焊的狀況？如果沒有發亮，就看看是否電線有脫落？或是用電烙鐵將焊接處再融化一次，然後檢測看看電路是否為通路？

如果測試後，燈泡有發亮，則可以使用熱熔膠槍將焊接的位置固定起來，以免發生焊接點斷裂的狀況。

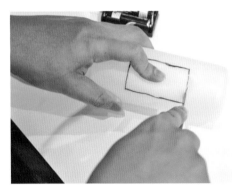

5 確認電路正常後就可以將電池座與燈泡裝到瓶子中囉！先用奇異筆在瓶子上描繪電池座的大小，然後使用美工刀切割下我們剛剛繪製的區域。使用美工刀切割時要注意不要讓自己的手指頭放在刀刃前面。

6 接下來將電池座與燈泡用熱熔膠黏到瓶子中，簡單的手電筒就完成囉！

教學
小建議

這邊建議老師和家長，如果孩子年紀還小，或是手部肌肉尚沒有辦法處理此一動作（我們可觀察他握持瓶子的手掌，是否一直在嘗試如何穩固、不使瓶子滾動，如果嘗試了多個動作後依舊無法處理，則可以介入提供協助），可以讓學生使用紙盒進行此一活動，或是使用西卡紙摺成紙盒來完成活動。

7 完成了單純的手電筒之後，我們就可以來進行小改造。可以拿起白紙，在上面畫上你覺得有趣的節慶圖案，然後將它剪下來。

8 再拿一張有顏色的玻璃紙，用橡皮筋將它綁在瓶口後，將剛剛剪下來的紙貼上去，就完成了我們的炫光節慶手電筒囉。同學們可以依據遇到的節慶來更換上面的圖紙，做出一個有趣的小作品！

進·階·挑·戰

【自製簡易電風扇】

將燈泡拆下換成小風扇,然後再依照自己的需求裝置在瓶身上,就可以在夏天時打造出自己的小型隨身風扇囉!

【小型賽車】

我們可以將馬達前端的風扇用瓶蓋固定,再將末端車軸中央也用瓶蓋固定,然後用橡皮筋兩個瓶蓋纏繞上,打開開關就會往前衝囉!

【腳踏車車燈】

改造自己的腳踏車,用布丁盒、鋁箔紙與小燈泡做出一個可以照亮路面的腳踏車車燈吧。

 想一想,你還可以怎麼做?

第 5 課

認識電路方向性與開關

學習重點

1. 認識電子元件方向性
2. 認識發光二極體（LED）
3. 認識不同的開關
4. 創意思考與發想

進到國中課程之後，你可能會發現：使用電子元件時老師都會特別地叮嚀「方向」。這是因為我們身邊的常用元件都有正負方向的分別，如果接反了，有可能會使得電子元件損壞，或是造成元件爆炸的小意外。

為了避免這些情況發生，如何識別電路正負或是元件方向就變得非常重要了。下面我們就一起來看看要怎麼分辨吧。

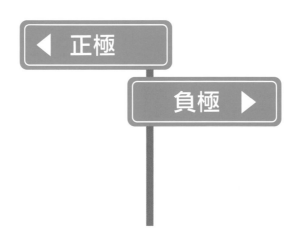

認識電子元件方向性

在我們目前的常用元件中有幾種需要注意：二極體、電容、IC，這些元件上都會標示正極的方向。

另外，在電路板上也會標示哪個方向是正極，因此拿到元件時，可別馬上就急著把元件插到電路板上，而是要先確認方向正確後再裝上元件喔！

二極體、電容和 IC。

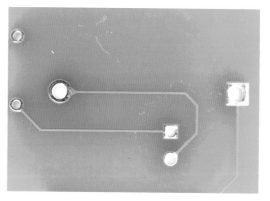

電路板上正極標示（方形）。

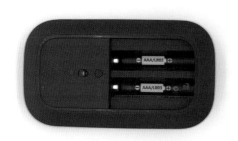

電池的安裝也有方向，在安裝家裡電器用品時，務必要記得裝在對的方向唷。

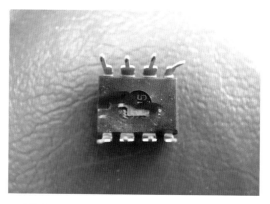

安裝方向錯誤而炸掉的 IC。

認識發光二極體

　　發光二極體（Light-emitting diode，以下簡稱 LED）是一種近年來經常出現在我們日常生活中的電子元件，舉凡：在路上閃爍的告示牌、紅綠燈、行人專用號誌上的小綠人……等，都看得到 LED 的蹤跡。LED 有著省電、體積小、顏色多樣、光線強等特點，因此製作專題時也時常會使用 LED 來增加展示的效果。

　　LED 的使用上有三點要特別注意：第一點是它的正負性，一顆單色的 LED 一般來說會有一支長、一支短的接腳，長的為正極，短的為負極。另外，我們可以看到 LED 內部有兩片金屬片，其中小片的為正極、大片的為負極。以上兩種方法都可以做為判斷基準，但最常用的還是直接以 LED 的接腳長短做區分。

　　第二點要注意的是：LED 會有「順向偏壓」的問題。因為 LED 是二極體，而二極體是一種半導體，它用了兩種元素，放在一起時會阻礙電子通過，在正確的方向施予電壓電路才會導通，LED 才有辦法發光。如果無法達到所需電壓，就沒辦法發光，就會像是去推一個很重的箱子，力氣不夠就推不動一樣。

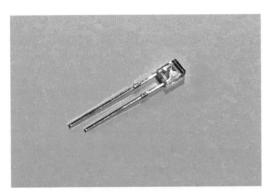

LED 的長接腳與短接腳。

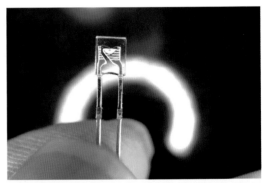

LED 內的金屬片。

小提醒

記憶 LED 正負極的小口訣——「長正短負」

　　一般來說，LED 的順向偏壓最小為 1.7V，所以如果我們拿一顆只有 1.5V 的 3 號電池，是無法使 LED 燈亮起來的。至少需要使用兩顆或兩顆以上的 1.5V 電池才能夠讓 LED 發光。

　　最後一點需要注意的是：使用 LED 時的「電壓」不能太高。當一顆 LED 只能承受 5V 的電壓時，如果我們給它 9V，就會使得電流超過 LED 能承受的範圍，造成 LED 燒起來，就像是受到猛烈攻擊造成防護罩失效。要避免 LED 燒起來的話，除了選擇合適的電壓，也可以加上電阻來保護 LED。關於電阻，我們會在下一節進行詳細介紹，在本章節中就先統一加上 220Ω 的電阻。

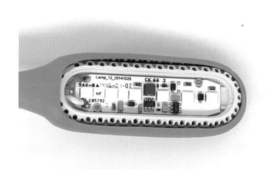

常見的 LED 用品。

1.5V 電池無法使 LED 亮起。

LED 加上 220 歐姆電阻。

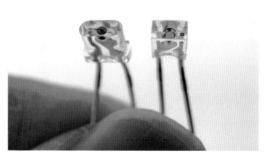

燒毀的 LED。

認識常見的開關

最常用來控制電路的方式就是使用各式的開關，例如：使用船型開關來打開家裡的日光燈，或是用電視遊樂器搖桿上的按壓開關控制螢幕中的主角做出動作；大家都愛玩的遙控車上也有用來控制電源的滑動開關，這些都是基於以開關控制電路的原理。下面就來認識一下生活中常見的開關吧。

船型開關

船型開關是最常見的開關之一，電視機、遙控器上面多半都是此類型。這種開關是用來控制電源的開啟與關閉，你可以注意到有的船型開關上會寫上 0 和 1，代表的就是開（1）和閉（0）。當你發現電器無法啟動的時候，就趕快找找看電源開關是否有打開吧！類似的開關還有滑動開關、搖頭開關。

微動開關

微動開關通常會藏在機器中，它的特色是可以在施力很小的狀態下做出反應。常見的微動開關有藏在冰箱的燈光啟動開關，以及印表機的復位開關。

常見的船型開關。

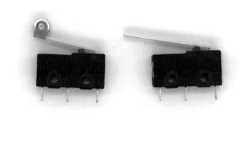
微動開關。

按壓開關

　　最常見的按壓開關則會藏在家中的遙控器、遊樂器搖桿等裝置中，是一種只要「按」下去就會產生反應的電子元件。

重力開關

　　有的東西搖一下會發出「喀喀」的聲音，然後電器就會產生反應，這很有可能就是裝了這種開關，像是常見的小型計步器裡面就有這樣的開關。重力開關在受到搖動或改變運動狀態時就會將電路導通或是斷開，常見的如：震動開關、水銀開關或是滾珠開關等。

如何測試開關

　　簡單的開關測試方式可以用我們在上一節學到的方式來測試：將電池與燈泡接上後，用電線來測試看看開關的哪個方向是啟動、哪個方向是關閉。

遊樂器搖桿上的按壓開關。

行動電源上的滑動開關。

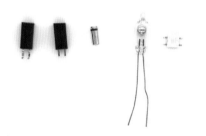

幾種常見的重力開關。

測試開關。

教學 小建議　在這邊老師和家長可以嘗試讓學生記錄並畫下開關接通的接腳位置。

LED 翻轉燈

實作 5

在上一章節中，我們已經認識了基本的電路；接下來，就要進一步使用其他的電子元件製作專題，包括我們在前一節中所介紹到的開關。

開關可以用來做出各種不同的反應，重力開關則可以在我們的動作變化中產生改變。這次我們就從翻轉燈這個簡單又可以盡情發揮個人創意的專題開始，使用滾珠開關做個倒下的時候就關掉、翻正的時候就亮起的翻轉燈吧！

材料準備

- ☑ A4 白紙
- ☑ 彩色筆
- ☑ 膠水
- ☑ 5×7 實驗用洞洞板
- ☑ 電線
- ☑ LED
- ☑ 220Ω 電阻
- ☑ 2032 電池座
- ☑ 2032 電池

（前面三樣可於文具行購買，其他材料則可上網搜尋「電子材料行」購買。）

開始動手做！

翻轉燈的電路非常簡單，但在這邊我們要特別注意所使用元件的正負性。首先我們先檢查 2032 電池座和 2032 電池，看看它上面的正負標號。2032 電池有一面會寫上「+」號，一面會寫上「-」號；2032 電池座上面則有方形的一側和弧形的一側，記住「方形是正極，弧形或圓形是負極」就不會搞錯囉。

工具準備

- ☑ 電烙鐵
- ☑ 烙鐵架
- ☑ 尖嘴鉗
- ☑ 斜口鉗
- ☑ 剪刀

▶ 材料一覽。

翻轉燈電路製作

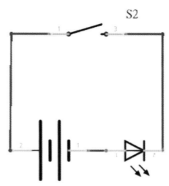

S2

1 首先,要檢查 2032 電池座和 2032 電池的正負標號。

2 確認電池的正負後就可以將它連接到電路板上囉,這次的電路如上圖:將電池的正極接上開關、開關接上 LED 的正端,再將 LED 的負端接上電池的負端。

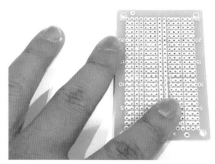

3 接下來就將電子元件擺上我們的實驗用洞洞板吧。實驗用洞洞板上面有著許多的金屬線條,這些金屬線條的功能就等同於電線。

4 接下來將 LED 插在洞洞板上。在這邊我們先將短的腳(負極)接到長的白線上,再將長的腳(正極)接到上面有三個洞的白線上。

✏ 小提醒

這樣的接法有兩種原因,第一是「開關必須接在電路的正端」,這代表的應該要接在電池的正與負載之間。第二是電路上通常所有元件都需要接地,因此我們讓負極接在最長的金屬線上,後續配置電子元件時就會方便得多。

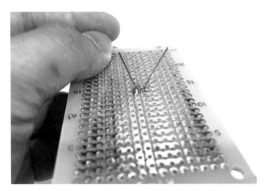

5 將 LED 插上洞洞板後，就可以將它焊接在洞洞板上了。操作焊接時如前一章節所說，要非常注意操作安全與工作區域的整潔。

6 注意：焊接的接點要呈現尖尖的小山狀才是正確的唷。

小提醒

焊接時接點一定要呈現尖尖的小山狀，千萬不要焊接成球狀或是缺焊錫的狀況，否則會導致接觸不良。如果焊接的接點對面有金屬的話，則需要將焊錫多加熱一下，讓焊錫流到另外一側。

7 接下來要焊接滾珠開關。滾珠開關有四支腳，可以看到塑膠盒上有一條直線，代表開關電線分開的方向。其中一邊須和 LED 正極放在同一個金屬線上，另外一邊則要跟我們電池的正極相接。

8 再來要接上電池座。2032 電池座可以提供 2032 電池、2016、2025 鈕扣電池使用。在這邊我們將弧形的針腳（負極）接到長條金屬線上，而方形則盡量接到接近開關的地方。

9 這時候看起來已經製作完成了，但仔細看
會發現電池的正極和開關並沒有連在一
起，因此還需要接上一條電線，讓整個電
路變成一個完整的「迴路」，才能正常的
運作。

10 剝線時可使用剝線鉗，或是同時使用
尖嘴鉗與斜口鉗進行剝線。

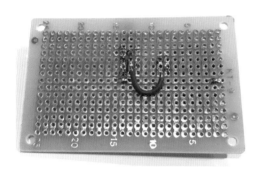

11 剝線後將電線接到電池正極與滾珠開
關側，並將這兩個點焊接起來，這樣
電路就完成了。

12 將電池裝上去並且試著翻轉看看電路
板，如果操作無誤，燈就能順利地亮
起來囉！

教學
小建議
這邊所使用的電線是 22 號的單芯線，單芯線顧名思義，當線的外皮剝開後裡面只
會有一條金屬電線，而電線的直徑則是 22 號線的直徑（0.643mm）。單芯線的相
反是多芯線，由於線會散開，因此在一般課程上為了提高學生操作時的成功率，我
多半會使用單芯線。

翻轉燈外殼製作

　　完成了電路後，下一步就是要來製作翻轉燈的外殼。外殼製作通常讓人感覺很複雜，但其實我們可以用以下幾個步驟輕鬆完成簡易版的翻轉燈外殼，下面就一起來操作看看吧。

1 先將電路板放於紙上描繪一次。

2 接著拿起直尺往外擴展一定距離（這邊我們是擴 3 公分）。

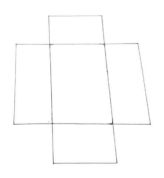

3 接下來將每段擴出的線段連起來。

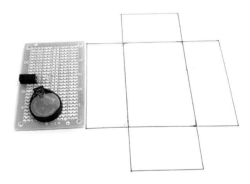

4 然後再描繪一次我們的電路板。

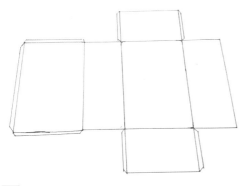

5 最後畫出黏合邊,就可以將外殼剪下來囉。

6 製作好後,我們可以在外殼上設計出各式各樣的圖案,用翻轉燈來點綴你的房間吧。

✏ 小提醒

可以試看看將 LED 燈串連或是並聯,看看會有什麼不同的呈現方式。

進・階・挑・戰

不同的開關可以用來製作出各式各樣的專題,挑戰看看各種變化方式吧。

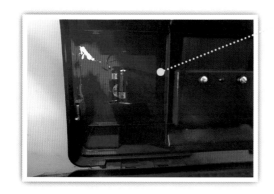

【收納箱小燈】

用微動開關讓收納箱在打開時自動亮起,變成翻箱倒櫃時的照明好幫手!

【房門警示燈】◀

將按壓開關藏在門口的腳踏墊下,當有人踩上去時,燈就會自己亮起來囉。

 想一想,你還可以怎麼做?

第 6 課

認識各類電阻與三用電表操作

學習重點

1. 了解電路中電壓、電流與電阻扮演的角色。

2. 認識身邊常見的電阻。

3. 基本三用電表操作。

4. 創意思考與發想。

前面我們學習了如何控制元件的開關，但如果要對我們的作品進行細微調整，要怎麼樣才做得到呢？接下來就要教大家認識及使用各種電阻，並學習如何操作三用電表來檢查電路，進一步掌握電子電路相關知識！

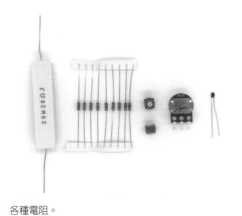

各種電阻。

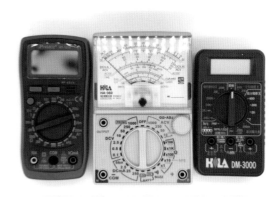

三用電表。

認識電壓、電阻與電流

在電磁學中，「電阻」指的是一個物體阻礙電流通過的能力。日常生活中的物品都存在著電阻，只是大小各不相同。例如：用電線連接電池和燈泡時，燈泡會亮起；但如果用沾了食鹽水的手碰電池和燈泡，燈泡亮起時的光線就會變得比較暗；如果用乾的手指拿著電池和燈泡，燈泡就不會亮——這是因為身體表面、食鹽與電線上雖然都有電阻，但是乾的手指的電阻值比電線與沾濕的手來得高，而食鹽水的電阻值又比電池來得高，因此會造成燈泡亮起時的差異。其他如絕緣手套、塑膠、木頭等，都是電阻值比較高的材料。

我們製作專題時所說的電阻（完整名稱為電阻器，日常生活中通稱電阻），則是一種具有特定電阻的電子元件，可以在電路中發揮產生阻力的作用。

但是，一個好好的電路，為什麼需要加上阻力呢？這部分我們就要回顧一下基本電路了。前面的章節中介紹了電池與基本電路，電池可以提供電壓，接好的電路則會因為電池的電壓產生電流。我們可以將整個電路想像成水從瀑布上傾瀉而下，當瀑布愈高時，沖下的水流就愈急；反之，瀑布趨緩時，水流就愈慢。

但在很多時候，強力的水流會對日常生活中的物件或是環境造成損害，例如颱風時的土石流，就會將建築物或是道路衝垮。在電器中也是一樣的狀況，當電流太

▼**電流的概念示意圖。**

大的時候，電器往往就會因為電流過大而燒壞，因此就會需要將電流降低來保護電子元件；這時用來協助我們降低電流的，就是電阻了。

電阻（值）、電流與電壓之間存在一個簡單的數學關係，就是 $V=IR$，即電壓等於電流和電阻相乘。所以我們也可以直接透過這個數學式來了解電流和電阻間的關係，它們就像是兩位玩蹺蹺板的同學，一位降到地上時，另一位就會升到空中。

認識常見的電阻

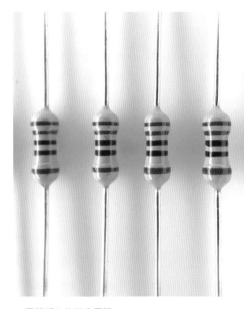
電路板上的精密電阻。

我們在學校及日常生活中常見的電阻有下面幾種，分別是：精密電阻、可變電阻、光敏電阻、熱敏電阻以及水泥電阻。接著就來細看它們有哪些差別吧。

精密電阻

精密電阻是我們在課程中最常使用的電阻，這類型的電阻上面會有一條條的顏色，這些顏色是精密電阻的色碼表，我們可以透過顏色的排列來判讀電阻數值，挑選所需的電阻來完成電路。

可變電阻

可變電阻是一種可以依據需求調整電阻值的電阻，上面多半會有可旋轉的部件或是滑動的滑桿，可以透過移動這些組件改變電阻值。常見的地方如：可旋轉調整亮度的檯燈、調整音量大小的音響等。

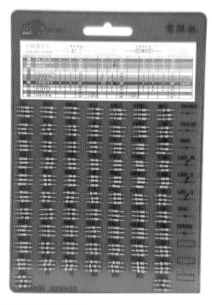
電路板上的精密電阻。

精密可變電阻、可變電阻。

光敏電阻

　　光敏電阻會因為光線的明暗而使電阻值產生改變。你可以觀察看看家裡的小夜燈上面是否有一顆小小的感光處，嘗試用手把它遮起來之後，小夜燈就會發亮囉。

熱敏電阻

　　熱敏電阻和光敏電阻一樣，會因為環境改變而使電壓產生變化；但熱敏電阻則是因為溫度而產生反應。我們身邊有顯示溫度功能的物件，多半都會有熱敏電阻在裡頭。

水泥電阻

　　水泥電阻是我們身邊最奇特的電阻，這種電阻可以承受高溫或是有特殊腐蝕物質的環境。你可以看看車子或是一些產生高溫的燈具，在裡頭或許找得到這種元件唷。

光敏電阻。

熱敏電阻。

水泥電阻。

認識與操作三用電表

　　三用電表是一臺我們在做電子實驗時很常使用的「測量工具」，用來讓我們了解手中的電子元件與電路的狀態。你可以將其視為電子元件專用的 Google 翻譯，我們可以透過它來了解電路所要表達的內容。

　　過去所使用的三用電表多屬指針類型，但現在我們所見到的三用電表已經多半是電子式的了。兩種電表都有各自的方便之處，大家可以選擇喜歡的來使用即可。在前面介紹了許多不同的電阻後，大家是否好奇：手上拿的電阻數值到底是多少呢？這時，只要使用三用電表就可以迅速地得出答案了，下面就一起來看看三用電表要怎麼使用吧。

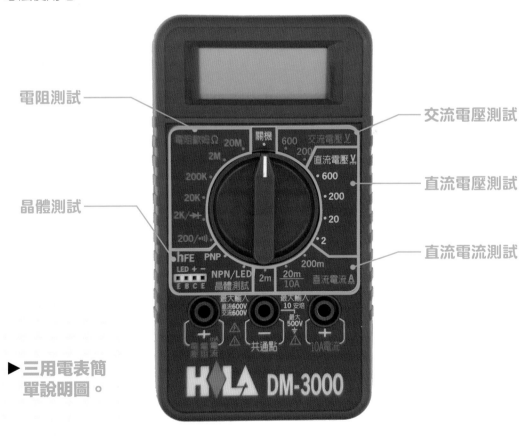

▶三用電表簡
　單說明圖。

確認電路是否導通

　　三用電表上面有很多指示區域，以簡單的電路而言，最方便的功能就是可以用來測試電路是否有連接在一起，或是有沒有在使用時不小心斷掉了，並找出斷掉處。

　　先拿出一顆開關，將三用電表的探針接上電表上的腳座，然後將轉盤轉到電路測試檔位。將兩支探針接到開關的腳上並按壓或撥動開關，會發現將開關撥到 ON 的時候，三用電表會發出聲音，這就是電路接通的意思了。

測試直流電壓

　　將三用電表撥到直流電壓檔位，然後將探針接到要測量的物件上，在這邊我們先用電池做測試。首先將轉盤調到直流電壓檔的 20V 的地方，再將探針接到 3 號電池上，就可以讀出電壓是 1.49V 囉。

確認電路是否有導通。

測試直流電壓。

小提醒

測量電壓時，如果不知道測量物的實際電壓，應該先從高的電壓檔位開始測試，以免電表燒壞。

雖然 3 號電池包裝上標示的電壓是 1.5V，但新電池的電壓範圍會是在 1.45V ～ 1.65V 之間，因此測出來的電壓不會是 1.5V。你也可以試試看其他 9 號電池。

測試電流

　　前面談到了電路裡面有電流，但電流不像電壓有電池、電阻有看得到的電阻（器），到底要如何知道它的大小呢？

　　在測量電流時，我們就像是把手放進流動的水中，感受它的流動強度；因此測量電流首先的條件就是電路已經是導通的狀態，這樣才會有電流。操作時我們先將要測量處的電線分開，將三用電表轉到電流檔位，然後將探針接到我們剛剛分開的電線區域，接上後就可以讀取到數值囉。

測試電阻

　　最後終於來到了測試電阻的階段。測試電阻時要將三用電表調至電阻檔位進行測量。在這邊請注意：如果調的檔位太小，電阻值會直接顯示 1；如果檔位太大，則會顯示 0。我們在做電阻測試時，操作是由電阻值小的往大的檔位調整，這點和其他兩種數值的測試方式不同，操作時要特別注意。

測試電流。

測試電阻。

小提醒

測量電流時，一樣從電流大的檔位來做測量，因此檔位順序為：200m > 20m > 2m

其他測試

　　有的電表上面還會有二極體腳位測試、電晶體腳位測試、頻率測試等功能。因為每家廠商製造的三用電表都不一樣，因此在購買三用電表後可以仔細的閱讀裡面的使用說明書，好好了解手上的測試工具有哪些功能唷。

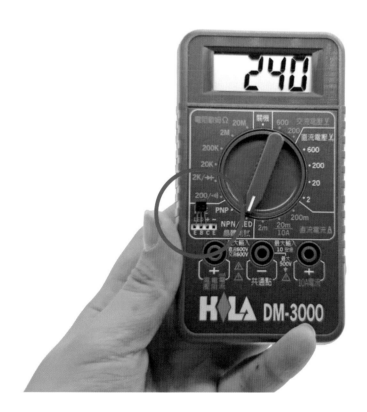

▲電晶體測試。

<table>
<tr><td>實作
6</td><td># DIY 手機補光燈</td></tr>
</table>

現 代人很愛用手機自拍，或是拍攝漂亮的美食圖；但如果光線不足的話，人物或
食物看起來就會很黯淡。透過前面的內容了解三用電表與常見的電阻後，我們
就能夠使用前述的材料和工具，DIY 出手機補光燈！首先來看看需要哪些材料與工
具吧。

材料準備

☑ 塑膠曬衣夾
☑ 可變電阻
 （即 1KΩ 電阻）
☑ 實驗用洞洞板 ×2
☑ 2032 電池座 ×1
☑ 白色 LED×10
☑ 電線

工具準備

☑ 電烙鐵
☑ 斜口鉗
☑ 尖嘴鉗
☑ 烙鐵架
☑ 海綿
☑ 熱熔膠槍
☑ 剪刀

開始動手做！

　　準備好以上的材料和工具後，可以參考下面的電路圖，接下來我們就可以開始
製作囉。

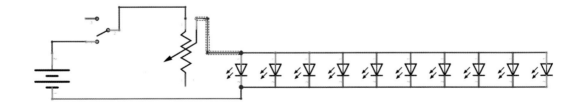

▲ 電路圖

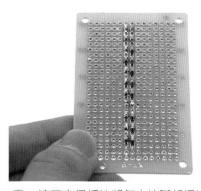

1 首先來安裝 LED 燈，你可以依照個人喜好來安排順序，在這裡我將白色 LED 放在中間最長的兩條金屬上，依序擺放，記得正極在一邊、負極在一邊。

2 接下來仔細地將每支接腳都焊接好，然後將多的接腳剪掉。

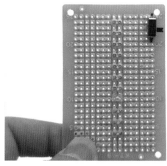

3 再來將微型滑動開關裝上電路板並焊接好，注意兩旁的金屬片會擋到，所以要先用尖嘴鉗扳開。

4 接著，將可變電阻裝在滑動開關旁邊。

✎ 小提醒

可變電阻上面標示的 1K 或是 2K 等等，為最大電阻值，可以用三用電表測試看看 1、3 腳，會讀到接近的數值；然後連接 1、2 或是 2、3 腳，會發現電阻值會依據我們旋轉的幅度而改變，燈光明暗就是這樣控制的喔。

5 接下來將 2032 電池座裝上。

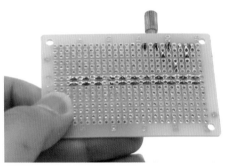

6 這邊要注意背面的腳位,為了讓接線乾淨,我們將電池座正極的金屬線與滑動開關上的中間接腳放在同一片金屬片上。

7 接下來將電線接上,LED 正極之前的電線建議用紅色、負極之後的用黑色電線。

8 焊接完之後就可以裝上電池測試看看囉。

🖊 小提醒

正極一般會使用紅色電線來連接,負極用黑色電線。這除了是一般電路規範外,以後如果要修復電路時也會比較清楚電路走向唷。

9 接下來拿塑膠曬衣夾圖上熱熔膠後黏在電路板背面,等乾了之後再將一些熱熔膠圖在夾子內側,不要夾上夾子。

10 等熱熔膠固化之後就可以裝到手機上囉。補光燈完成!

進・階・挑・戰

電路圖請見附錄 3

【調風風扇】

將 LED 燈換成小馬達,就可以做出不同風量大小的小風扇。

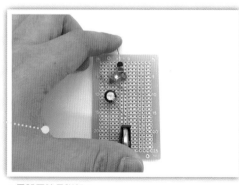

電路圖請見附錄 3

【觸控燈】

使用電晶體做為開關,當碰到不同的腳位時,LED 就會瞬間亮起。

 想一想,你還可以怎麼做?

第 ⑦ 課

認識電池、電容與馬達

學習重點

1. 學習基本迴路概念
2. 認識常見的電池
3. 認識常見的蓄電裝置
4. 電壓、電流與馬達運作的關係
5. 創意思考與發想

在本章節中所要介紹到的電子元件，大家應該比較不陌生，那就是電池、電容和馬達。大家就算沒製作過電子專題，也一定都用過電池；電容則和電池一樣是用來蓄電的元件。馬達也是專題中最常用的元件之一，從遙控車到機器人，都是靠馬達的運作才能讓它們動起來。以下就讓我們來認識這幾個常見的電子元件吧！

電存在哪？──認識電池

我們生活中的幾乎所有東西，都是透過「電」來提供能源。舉凡家裡用的電視機、冷氣機，到手上的遙控器、手機，各種用品都需要用到「電」，而我們最常用來儲存「電」的裝置就是電池了。但電池又有哪些不同的類型呢？下面就一起來認識不同的電池吧。

遙控器中的電池。

碳鋅電池

　　一般情況下，我們最常見、在商店裡買得到的電池就是碳鋅電池。這類型的電池電壓輸出為 1.5V，容量較小，但是價格很便宜。一般家中遙控器或是時鐘裡面多半都裝了這種電池。

鹼性電池

　　我們常說的鹼性電池，完整的名稱是「鹼性鋅錳電池」。這類電池的容量通常比碳鋅電池來得高。剛買來時，雖然上頭標示的電壓是 1.5V，但實際上的電壓一般來說會在 1.6V。因此有的機器會標明不能使用鹼性電池，以免電器受損。

鋰電池

　　隨著行動載具的普及，現代人普遍習慣在包包裡帶上至少一顆的行動電源。行動電源裡所藏著的就是鋰電池。單一一顆鋰電池的電壓為 3.7V，充飽電的時候會達到 4.2V，外型會呈扁平狀或是圓柱狀，而手機或電腦裡面也是使用這類電池。這類電池的特點是：體積小、容量大、可反覆充電，且隨著科技的進步，已經降低了過去為人所詬病的記憶效應 ※，因此受到大家喜愛。但由於其充放電電流較大，一旦發生意外往往可能導致受傷，所以購買時也須注意選擇較有保障的廠牌。

▼鹼性電池。

▲碳鋅電池。

▲鋰電池。

※ 註：一種發生在某些充電電池上，多次充電後電池容量減少的現象。

不同外型尺寸的電池

　　除了電池類型，平常我們最常用來識別電池的方式就是根據它的外型和尺寸。以碳鋅電池與鹼性電池為例，常用在遙控器上面的是 4 號（AAA）電池、鬧鐘裡面用的是 3 號（AA）電池；熱水器用的是較大顆的 2 號（C）電池；生活科技課程中遙控車常用的則是 9V 方形電池；薄型遙控器中裝的是 2032 或是 2025 鈕扣電池、行動電源裡面裝的則是 18650 電池。每種類型的電池都有各自的尺寸、電壓與電流。選購電池前請確認好所需的規格再購買。

AAA 電池。

AA 電池。

9V 方形電池。

2032、LR44 電池。

電子的蓄水池——認識電容

　　除了電池可以蓄電外，還有一種元件也可以蓄電，就是電容。電容是一種很有趣的元件，它就像個大水塔，可以將電子裝載在可容許的範圍中，因此可以做到「蓄電」、「濾波」、「訊號處理」或是「一瞬間釋放電壓」等事情。

　　電容本身又分為：電解電容、陶瓷電容、鉭質電容、積層電容等等，而我們較常使用的是電解電容與陶瓷電容。電容的單位是法拉（F），在購買時一方面要確認我們需要的電容值，一方面也要確認購買的電容是否符合需求。此外，電解電容有方向性，因此電容如果接反就會瞬間炸開；電解電容上也會標注最大耐壓，如果超過也會炸開唷！

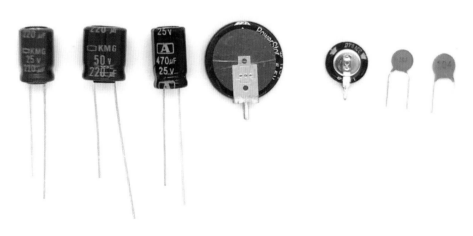

▲各式電解電容、
　陶瓷電容。

電容小實驗

　　下面我們可以來玩個有趣的小實驗：拿一顆電解電容（用常見的 47uF/25V 即可），注意「長腳為正、短腳為負」，然後拿一顆鈕扣電池或是一般的 1.5V 電池，將電容與電池「正對正、負對負」接好後，等待 10 秒鐘後拿開。

1. 將電池正極（下方）與電容正（長腳）相接。

2. 等待約十秒。

　　拿起一顆 LED，將電容與 LED「長腳對長腳、短腳對短腳」接好，會發現 LED 一瞬間就會亮起。你可以反覆地玩看看，這裡用的就是電容可蓄電的特性，充電時間愈久，LED 亮的時間也就會愈久。

3. 將電容與 LED 的長腳對長腳、短腳對短腳相接。

4. LED 就會瞬間亮起來囉！

小提醒

可以嘗試將電容並聯一個電阻（220Ω），然後再接上一次電池和 LED 看看，會發現 LED 變成漸漸暗下來了。查查看「RC 電路」，看看如果換上不同的電容與電阻會發生甚麼事情呢？

認識馬達

遙控車、小機器人、夏天好用的風扇，裡面都藏有一顆神奇的小馬達，讓這些裝置能夠動起來。不過，你知道馬達的運作原理是什麼嗎？

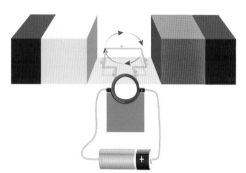

如果將馬達的外殼拆開來看的話，會看到一顆方形或是圓形的物體；再往下拆會看到一個轉軸，上面纏滿了線，外面有兩片黑色物體。這兩片黑色物體是磁鐵，中間的線則是透過「電的磁效應」製作出來的電磁鐵。將馬達接上電後，電磁鐵就會產生一個和磁鐵同方向的磁力，而被推開；接著另外一塊電磁鐵又接上電，再次被推開。藉由重複這樣的動作，馬達就能夠轉起來囉。

如果今天將這個動作反過來會發生什麼事情呢？反過來的話，就會因為「電磁效應」而產生電，所以如果我們今天將馬達裝上小 LED，然後快速旋轉馬達的話，LED 就會亮起來囉！

拆解馬達（1）。

拆解馬達（2）。

✏️ **小提醒**

因為馬達會產生電，而有的電器對電流方向有要求，所以在使用有馬達的電器時，千萬不要覺得好玩就狂轉馬達，否則可能會造成電器燒壞。

實作 7 │ 震動小蟲機器人

震動小蟲機器人是一個相當療癒的小玩具，如果你的手邊正好有簡單的元件，就能馬上做出這臺小機器人把玩；也可以和朋友一人做一隻，讓小蟲相互對撞，來個震動小蟲格鬥擂臺！

在本次活動中我們安排了兩種不同的震動小蟲：第一種是簡易版，適合給剛入門的同學與家長一起同樂；第二種則是可透過 USB 連接埠充電的 USB 震動小蟲。跟著下面的步驟指引，一起製作出這臺有趣的小機器人吧。

毛刷震動小蟲

簡易版的毛刷震動小蟲是使用 10 元商店都買得到的刷子製作,以電池供電,並透過小風扇讓它四處趴趴走。快來動手做做看吧!

材料準備

- ☑ 刷子
- ☑ 小馬達
- ☑ 3 號電池座
- ☑ 3 號電池 ×2
- ☑ 小馬達的風扇
- ☑ 卡紙或紙片

工具準備

- ☑ 熱熔膠槍
- ☑ 安全剪刀

▼ 毛刷震動小蟲材料一覽。

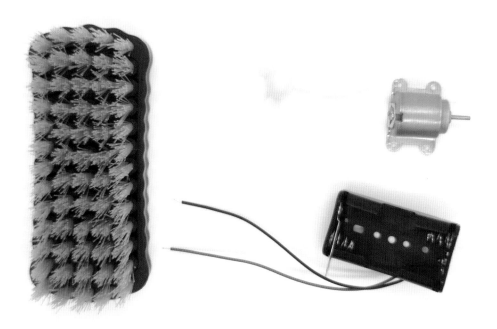

✏ 小提醒

工作前一定要先將桌面整理好唷!

1 將電池座上的電線折成 U 字型，穿過馬達的金屬片。注意：這個金屬片非常容易斷裂，千萬不要折它。

2 將電線貼合馬達中央，然後上一層熱熔膠固定，長度約 1 公分即可。

 小提醒

熱熔膠在操作前要先放著預熱約 5 到 10 分鐘，它會加熱到約 200 度，因此操作時千萬不要碰到熱熔膠頭。

3 再來將電線反折再上一次熱熔膠固定，同時將馬達金屬片與電線纏著的位置塗上熱熔膠，這樣電線就不會斷掉囉。

教學小建議　老師或家長可以學生在放置熱熔膠的位置下墊一張紙，以防止熱熔膠黏到桌面。

4 接下來將馬達與電池座都黏上我們的刷子背部。

5 黏好後將盒子裡的扇葉拿出來，我們看到這邊的扇頁有 3 片，可以先將它裝上馬達，同時裝上電池後卡開關，會發現馬達開始旋轉，我們的小機器人就被風扇帶動緩慢的直直往前運行。

6 再來我們拿起剪刀，將其中一片扇葉剪掉一個缺角，再開一次開關看看。這時候我們會發現小機器人開始跳動了，而且移動幅度比剛剛大。

7 再來剪掉一些，會發現震動幅度又比剛剛更大囉！你可以剪到自己覺得差不多的範圍後，拿兩臺機器人放在一起比賽，看看誰可以在 30 秒內順利地把對方的機器人推下擂臺！

✎ 小提醒

思考看看，為什麼剪掉後會震動得更激烈呢？這或許和物體的「轉動慣量」及「質心」有關唷。

USB 震動小蟲

前面我們是使用電池做為震動小蟲的動力來源,接下來試試看將電儲存在電容中,用電容幫小蟲蓄電,並讓我們的震動小蟲動起來吧。

工具準備

- ☑ 麥克筆
- ☑ 美工刀
- ☑ 尖嘴鉗
- ☑ 斜口鉗
- ☑ 烙鐵
- ☑ 焊錫
- ☑ 熱熔膠槍

材料準備

- ☑ USB 2.0 公頭
- ☑ 實驗用洞洞板
- ☑ 迷你滑動開關
- ☑ 0.5F/5.5V 電容
- ☑ 小型震動馬達
- ☑ 電線

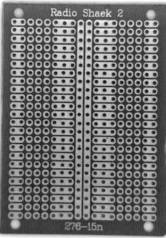

▶ **材料一覽**(由左到右:電容、迷你滑動開關、實驗用洞洞板、USB 接頭、震動馬達)。

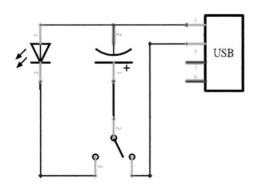

◀ **USB 震動小蟲電路圖**。

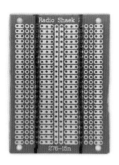

1 因為一般常見的實驗用電路板太大張,所以我們要先把它切成兩半。先拿起簽字筆畫上要切割的線段。

2 用美工刀沿著線多割幾次,當有了一條切痕後就可以用手將它折斷囉。

小提醒

使用美工刀切割電路板時,不要嘗試一次切斷,以免施力過大發生意外。使用美工刀時,切記手不要放在刀刃前方,並使用直尺或是其他工具輔助刀路。

3 切出一段刻痕後就可以用鉗子將電路板扳斷了。

4 接下來我們要焊接 USB,但因為 USB 左右有兩片固定的金屬片會卡住,所以先用尖嘴鉗將它往左右掰開。

5　將折好的 USB 放到電路板上。

6　在金屬的那面將 USB 焊接固定住。

小提醒

USB 左右兩邊的金屬片也要焊接到電路板上，USB 強度才會夠；另外在焊接金屬片時要注意
USB 整體會變非常燙，千萬不要隨便觸摸。

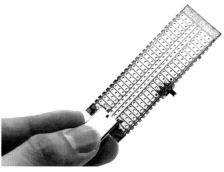

7　在這裡要先標註上 USB 的正負，後續接
　　線時才不會接反。

8　接著焊接上滑動開關。

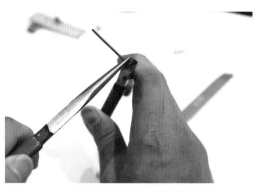

9 接下來我們會需要剪兩段電線備用。這邊可以使用前面介紹過的剝線方法，使用尖嘴鉗和斜口鉗將線剝除，或是用剝線鉗將線的外皮剝除。

10 剝完線後，先將電線摺成ㄇ字型備用。

小提醒

個人覺得用尖嘴鉗和斜口鉗剝線很值得練習，因為不一定都會有剝線鉗在身邊。而手的施力方式有點像是騎機車要催油門時將煞車放開，同時扭轉手腕的方式。

11 接著焊接上電容。焊接時要注意電容的正負方向，千萬別裝反囉。

12 焊接好的電容背面。

13　焊接好電容之後，再焊接上震動馬達。

14　焊接好的震動馬達背面。

15　用紅色的電線將 USB 的正極連接到開關，然後用紅色的電線將開關的第三支腳接到震動馬達。

16　用黑色的線將 USB 的負極連接到電容的負極。

17　插到行動電源上充好電再拔下，馬達就會藉由電容儲蓄的電力運轉，USB 震動小蟲也就會開始震動啦！

18　幫你的 USB 震動小蟲穿上衣服，用毛根等材料做出各種造型變化吧！

進·階·挑·戰

除了震動小蟲外，電容加上震動馬達的組合，還可以做出什麼不一樣的變化呢？

電路圖請見附錄 3

【手搖發電機】

利用相同的電路，將 USB 正負極接上馬達後，製作出用手旋轉就能在緊急時提供照明的手搖發電機。

【隨機繪圖機器人】

將震動馬達電路接上彩色筆或是鉛筆後，隨著機器人的跳動，就能在畫紙上創作出隨機的圖案！

 想一想，你還可以怎麼做？

專欄　電子工具與常見材料購買方式

生活科技課程是一門以生活經驗累積為基礎的學科。在製作與設計作品時，影響作品完成度最大的因素就在於我們是否認識、知道不同的材料，以及是否知道這些材料應該如何使用，或是如何找到這些材料。

我們很難單一地透過課本、參考書、網頁整理等形式讓學生了解這些資訊、經驗的重要性；但如果能透過實作、專題等形式，讓學生自己去找尋需要的材料，除了能讓學生親身建構這些經驗，也可以讓學生更了解自己生活的環境到底有哪些可以取得的資源。

下面將依據個人在進行各種實作活動時所建構的材料尋找與購買方式及分類進行分享，提供大家一些初步的參考。

第一步：根據材料分類尋找

「這種材料屬於哪種分類？」這個問題是我們在購買材料時需要思考的第一件事。不管身處臺灣的何處，都一定會有五金行或是小雜貨行，如：小北百貨、金興發等。這些商店皆有販售常見的五金，不過多半屬於家庭用材料，如：一般的絞鍊、鐵釘等；但細部一點的，如：LED、軸承、密集板，這些東西在這類型的雜貨行則較難購買得到。

一般來說，課程中常見的材料，可根據材質以及大小劃分為「木料、膠業、電子、金屬、電工」五大類。各類型元件的供應及製造商，多半會依據當地的歷史環境形成一個聚落。因此，先透過材料分類去尋找，就會比較容易找到需要的材料。

以臺北市為例，電子元件可以在最有名的光華商場購買；在臺中，電子材料可以在臺中火車站附近的電子街買到；高雄則可以到長明街買到所需的電子元件，各地都會有較知名的材料行聚集地可以購買。

如果要買其他材料，筆者在臺北常去的地方還有可以採買木料的寧夏街；可以買到金屬加工所需元件的打鐵街（興城街）；膠業和電工材料則可在太原路購買。因此如果順著走一圈，除了可以一次將一個實作活動需要的材料、工具等物件買齊，也可以順便了解自己生活環境的人文與歷史。

這些聚落，多半會因為過去臺灣農業發展時期各地區的商業型態與交通環境而有不同，如：臺灣各地都會有零星的打鐵街，原因就是鐵器是過去的主要加工材料；但各地製作的鐵器卻會因為地區工業型態而有不同。在各國的 Maker 運動中，我們也可以發現這種有趣的差異存在，例如：美國的 3D 印表機多半會使用木頭做結構，臺灣則會使用壓克力、鋁擠等。

臺北市寧夏街。

臺北市興城街（打鐵街）。

到處走走時，也可以看到職人配置工作環境的方式（攝於：臺北市建成工具）。

第二步：確認材料規格與尺寸

　　確認了自己需要的材料類型後，接下來就是要規劃自己所需的材料規格、尺寸等。不同類型的商家都有不同的常用單位，像是金屬加工會用毫米（mm）做為單位；但到木工的商家時，則使用尺（30.3cm）、寸（3.03cm）、分（0.303cm）。這些資訊在購買材料前都應先查好，以免到了店裡才在跟老闆比手畫腳講不清楚，可是會很尷尬的唷。

　　最後，當你比較熟悉這些材料後，網路平臺便會成為你購買材料時的好幫手。感謝現代社會物流的便捷，讓我們可以透過各類型的網路平臺，如：露天、蝦皮、淘寶等找到自己需要的材料，並透過物流送至自己的居住地或是鄰近區域，為我們省下了很多奔波的時間。

讓學生到光華商場購買材料。

　　雖然在網路上可以快速且方便地買到自己需要的東西，但在規劃課程時，筆者還是會適時的安排活動，讓學生嘗試自己找尋需要的材料或是工具。規劃課程時可以透過專題式的題目，讓學生依據上課所學的經驗找找看需要的材料，並試著組裝買來的東西，看看是否如同自己所想的那樣。雖然一開始會很常發生錯誤，但這些錯誤都可以成為他們成長的養分，讓學生更加地了解要如何找到需要的資源。

如果將生活科技以英文學習進行比喻的話，英文的文法就好比生活科技課程中的加工方法與安全操作方式，在基礎規範下操作，才能安全的與他人合作、溝通；

而材料就是英文單字，知道愈多材料，能夠做出的作品類型就愈廣泛。只要願意出門走走，以探險的心情發現不同的材料，每樣東西都可以成為你創作時的素材！

採買後教師親自說明

教師實際買一次需要的材料。

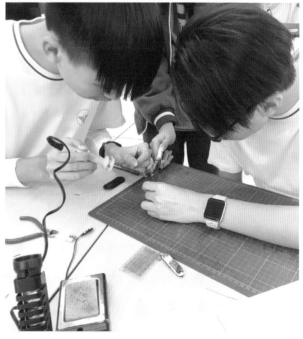

學生返校後將作品製作完成。

PART

3

單元整合式實作

生活科技課程中，不單單只是操作機器或是進行單一
類型的加工，而是希望能將所學習的東西不斷累積、
活用，創造並解決生活中的問題。前面認識了許多工
具的操作、創意思考法與基本的電學，接下來就讓我
們看看如果把這些東西整合起來，重新設計與製作，
可以做出什麼樣的東西吧。

生科小講堂

生科實驗室

第 8 課

問題解決與整合實作

學習重點

1. 能將木工所學之知識技能與電子元件結合。
2. 能使用問題解決流程解決問題。
3. 能使用開關製作出不同的控制元件。
4. 能考慮多種方法完成單一作品。

在進行專題製作時，由於遇到的問題都是開放式的，所以我們不會只使用單一方式來解決問題，也不會單純只使用一種材料，而是依循著某些流程反覆地修改自己的設計與作品，讓作品更臻完美，在國中的生活科技課程中，我們將這個流程稱為「問題解決流程」，裡頭包含了：界定問題、初步構想、蒐集資訊、發展方案、挑選最佳方案、設計製作、測試修正的步驟。下面就一起來看看什麼是問題解決流程，以及如何在專題中使用吧。

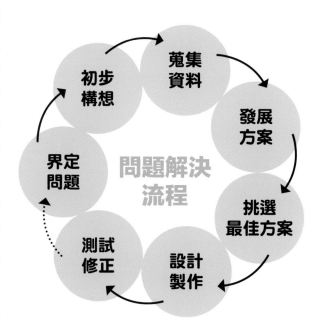

問題解決流程

界定問題

　　界定問題是進行專題製作時最重要的第一步,要先找出題目的癥結點才來解決問題。就像是聽到小嬰兒哭了,我們會開始思考:原因可能是嬰兒要換尿布了、肚子餓了、想找媽媽等等,而不會只專注在嬰兒哭了這件事情。一般來說,界定問題所思考的內容會是更深層的內容,除了可以詢問專家意見外,同學們也可以使用前面所提到的創意思考法等方式,來激盪出更多想法。

初步構想

　　提出對於解決專題所需的問題後,接下來就是提出初步構想了。初步構想就是針對剛剛所提出的問題想出解決方案,例如:如果小嬰兒哭了的話,我們可能會覺得問題是要換尿布了;這時候就會出現「想要檢查看看尿布」的想法,這就是提出初步構想。有了想法後,就可以進展到下一步。

蒐集資料

　　有了解決問題的初步構想,再來就要蒐集資料。這部分很容易被忽略,因為在提出初步構想時,我們腦中會自動出現一系列的畫面,來確認這個想法是否可行。但是很多時候,一開始出現的想法未必正確,因此蒐集資料就變得非常重要了。

發展方案

　　依據前面的初步構想蒐集到資料後，接下來就是結合初步構想和我們所找到的資料，提出更完整的方案。你可以與同學們討論，結合前面所提到的創意思考法等方式，讓想法更加完整。

挑選最佳方案

　　有了許多構想之後，我們就可以從中選擇一個較佳的解決方案。這裡可以針對各個方案的花費、時間、人力、複雜度、成效等的內容，進行條列式的分析與討論，並從中選擇出一個最好的解答，然後就可以進到下一個步驟「設計製作」了。

設計製作

　　設計製作可以是實際將問題解決，製作出等尺寸、材料的作品，或是實際行動來解決我們面對的問題。你也可以先以小尺寸的作品進行測試，了解想法是否正確，再來陸續解決問題。

測試修正

　　愛迪生改良鎢絲燈泡失敗了千萬次、測試了千萬種材料後才找到合適的物質。我們在解決一個問題或是處理專題時，通常剛做出來的作品一定會失敗。但千萬別灰心，每次的失敗留下的結果都是寶貴的資料，這些資料可以提供我們探索問題的新方向。因此到了這個階段，我們又會面臨到新的問題，流程也再次回到「界定問題」的部分。實作時會反覆進行此一流程，直到問題解決。

　　接下來我們就來看看如何在線控機器人實作中整合問題解決流程，讓實作能變成可以延伸自主學習的個人專題吧。

實作 8 線控機器人

線控機器人是一種透過簡單迴路製作的動力作品，透過電池、開關搭配馬達使裝置產生動作。下面我們先來看看要如何完成基礎的線控機器人，再來一起思考有哪些可以改變的地方，讓線控機器人可以變得更加不一樣！

材料準備

- ☑ TT 直流減速馬達（2）
- ☑ TT 直流減速馬達用輪胎（2）
- ☑ 6 Pin 自返式雙切開關（2）
- ☑ 2 入 3 號電池座
- ☑ 電線
- ☑ 密集板
  （300mm×400mm×3mm）
- ☑ 泡棉膠

工具準備

- ☑ 電烙鐵
- ☑ 鑽床
- ☑ 線鋸機

開始動手做！

1 有了以上的工具與材料後，就可以開始製作了。首先我們先來看看這次的電路圖。

我們將電池正負極分別接上 6 個 Pin 上面的 1、3Pin，然後將 Pin1 和 Pin4 相接、Pin3 和 Pin6 相接，最後將 2、5 接上馬達。如此一來，當我們將開關前後扳動時，馬達就會因為電路正負反轉而前後反轉了。一臺基礎線控機器人需要兩組這樣的電路：一組控制左腳，另一組則用來控制右腳。

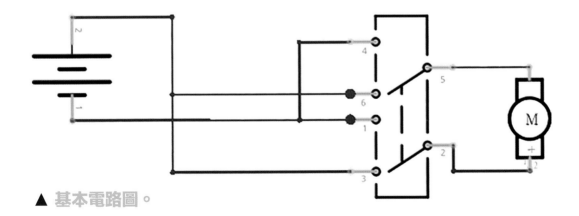

▲ 基本電路圖。

2 接下來我們要先來製作操控把手。你可以依照自己的喜好來切割出把手的外型，並且在打算裝上開關的地方標註上，等下要將它鑽洞。洞的大小依據開關上面螺紋的直徑而定，使用游標卡尺測量後得到直徑為 6.1mm，因此等下就使用 6mm 的鑽頭來鑽洞。

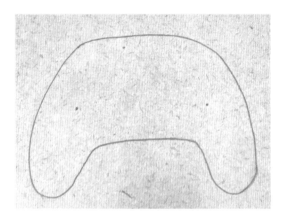

在密集板上畫出把手外觀。

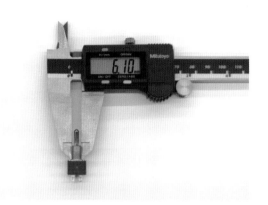

使用游標卡尺測量開關直徑。

3 鑽好後的把手上面應該有兩個洞，這時候我們就可以將開關「轉」進去。因為密集板非常柔軟，所以開關可以直接「鎖」上去。鎖上後，再將墊片與裡面提供的螺帽鎖緊，開關就安裝完成囉。

切下的遙控器把手。

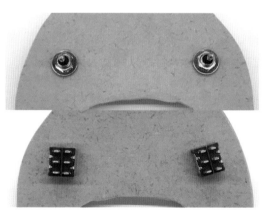

將開關安裝到把手上。

4 接下來，將兩邊開關右上和左上用電線焊接起來。這邊要注意：紅色為正、黑色為負。為了方便以後區分電路，在操作時務必要將電線分清楚。左右兩邊的電線焊接好之後，接下來將左上、右下相連，右上、左下相連。都接好之後，將電池座焊接上，同樣紅色為正、黑色為負。

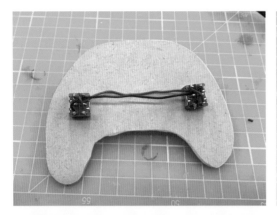

將電路連接好。

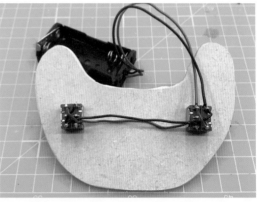

接上電池座。

5 接下來拿出另外兩種顏色的線，如果手邊沒有多餘的線，則可以繼續用紅色和黑色線就好了。將電線拉出 2 公尺後剪斷，並剝除外皮。

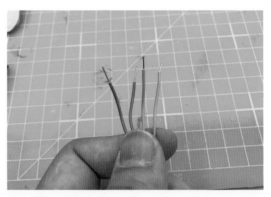

將電線外皮剝除。

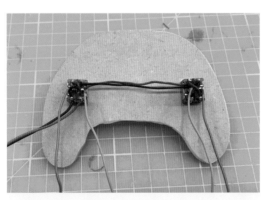

將電線焊接上 3、4Pin。

6 剝除外皮後將電線焊接到左邊和右邊開關中間的左右 Pin，並將各自的電線捲好，以免等下打結或是發生混亂的狀況。

✏ 小提醒

纏繞電線時可以使用手持電鑽來輔助。將電線末端用膠帶纏繞住後，用手持電鑽前的夾頭夾住，並調整使電鑽緩慢旋轉即可。

7 接下來將電線的另一端接上馬達並焊接。這部分的操作可以先將電線貼在馬達上，並用膠帶黏住後再焊接；焊接後將電線反轉，再用膠帶黏上。這樣馬達上的金屬片就不會因為操作時的拉扯而斷掉了。

將電線黏上後焊接。

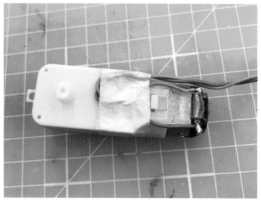

再將反轉後的電線用膠帶黏上。

8 最後裁切適合大小的密集板做為車體，黏上馬達、裝上輪子，基本的線控機器人就完成囉。你還可以做些裝飾，例如：加上車殼，來讓車體更加有趣。

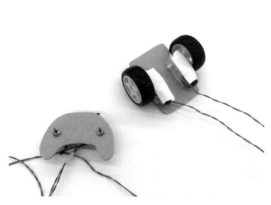

黏上馬達、裝上輪子。

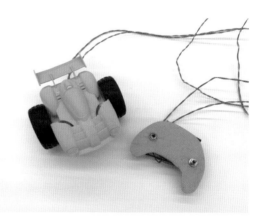

加上車殼。

線控機器人活動

過去筆者曾在 2017 年與 2018 年，分別在新北市政府廣場與新北 Maker Faire、新北市自造圖書館以及華山與 Maker Faire Taipei 等單位舉辦線控機器人競賽。競賽機器人以學生自製的線控機器人為主，並以格鬥的形式進行，提供學生三顆馬達與開關進行控制，限制最大輸出電壓，讓學生思考如何改善自己的線控機器人，以達到完全獲勝的目標。

線控機器人競賽。

競賽以格鬥為主。

因此在活動過程中，學生即會依照問題解決的操作流程進行作品的設計與製作。參考下表的對照流程來說明會比較清楚：

界定問題　線控機器人競賽的問題就是：要如何將對方推出場外、破壞、阻礙行動，並避免自己被對方擊倒或推出場外。

初步構想　設計液壓推桿、增加車體重量等等。

蒐集資料　上網找找看有沒有相關競賽資料。這部分剛開始會比較難找到資料，因此我提供了 Robot battle 的競賽影片讓學生參考。

發展方案　找了許多資料後，會猶豫各個方案是否適用？這時候可以先記錄下來，並更細緻的規劃方案內容，以便討論。

挑選最佳方案　從諸多想法中討論出最可行的方案來進行實作。

設計製作　將想法製作出來。

測試修正　當有兩組機器人完成後，就可以先進行一場友誼賽，透過比賽發現對方設計上的優點與缺點，並找出自己設計上不足的地方加以改善，以在正式上場前進行測試與修正。

線控機器人競賽的問題解決流程

1：同儕間討論、界定問題、提出初步構想並找尋資料。

2：教師可在討論時適時了解學生討論狀況。

3：發展方案，將想法記錄下來。

4：挑選最佳方案並將其實作出來。

老師可在學生做出初版作品時，適時地引導學生先彼此對戰，進行測試修正。

教學
小建議

除了上面較簡單的說明外，還有其他可以讓學生思考的地方，比方說：馬達是否要加上減速齒輪？常用的 TT 馬達和 N20 直流減速馬達，哪個在操作上比較好？電池要 9V 電池還是 2 顆 3 號電池比較合適？動力是否要靠輪子來傳遞？還是可以透過連桿做成機械獸的類型？許多不同的內容可以讓學生在製作中進行討論並找尋資料。

在這樣的流程下，學生可以快速的做出多版本的設計，並讓自己的作品更加成熟。專題的題目與目標不需要複雜，明確、簡單的指令即可讓學生衍伸出許多不同的想法與設計。剛開始設計較大的整合型專題活動時，不妨將題目簡化，讓剛開始時的變項縮小，帶起活動會比較順利。後面進入製作階段時，變項會逐漸變多，這時候作品的多樣性和有趣程度就會更加提高了。

第 **9** 課

讓電腦來完成吧！ 3D 繪圖與 3D 列印

學習重點

1. 了解 3D 繪圖為生活帶來的改變。
2. 認識不同的 3D 繪圖軟體。
3. 操作基礎 3D 繪圖軟體。
4. 使用 3D 繪圖軟體完成基礎作品。

電腦在我們的生活中扮演了非常重要的角色，不論聯繫遠方的朋友、訂餐，或是看影片、修圖，許多事情都能透過電腦的協助快速地完成。3D 繪圖也已經深入我們的生活中，例如：在我們所喜愛的電影中，有許多特效都是透過 3D 繪圖來完成；神奇的 3D 印表機也從新聞上才看得到的東西，變成生活中十分常見的機器，可以讓我們繪製的 3D 物件化為實體。所以，到底要怎麼進入 3D 的世界呢？

常見的 3D 繪圖軟體

有許多工具能讓我們進行簡單的 3D 繪圖，從我們的手機、平板到電腦，都能安裝 3D 繪圖的軟體。這些軟體有的複雜、有的容易；有些可以用來繪製出車體，有些可以做出令人讚嘆的 3D 動畫。大家都可以依據自己的需求與喜好，使用不同軟體進行繪製。

　　一般來說，我們可以依據使用需求將其大致分成：入門級軟體、動畫類繪圖軟體、工業設計類軟體及工業工程設計類軟體。

　　入門的繪圖軟體部分，我們可以在平板上的 APP 商店或是在電腦上搜尋 3D 建模，就可以搜尋到基礎的 3D 建模軟體。這類型的軟體不斷地推陳出新，如 Windows 10 所出的 3D Building、小畫家 3D，或是 Autodesk 的 TinkerCAD，都是很容易上手的基礎 3D 繪圖軟體。

◀ 小畫家 3D。
▼ TinkerCAD。

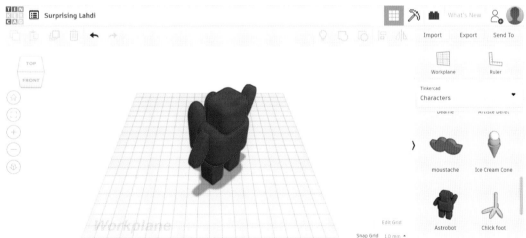

　　較進階的 3D 繪圖軟體，則會因為製作物件的類型不同而有區隔。簡單物件設計會使用的是工業設計類（CAD）3D 繪圖軟體，包括：Solidworks、Pro-E、Onshape 等。這類型軟體的主要特點在於，它們是屬於參數式 3D 繪圖軟體，因此我們可以精確的標上數字，能依照所設定的數值繪製出圖像。另外還有工業工程輔助設計類型（CAID）的 3D 繪圖軟體，是透過更多樣的繪圖邏輯來畫出更特別的圖案，如 Rhino、Alias 等。

　　電視中或是遊戲裡出現的 3D 角色，則是透過另外一種多邊形（Polygon）3D 繪圖軟體來完成。使用這類軟體繪圖時就像是在玩黏土，可以透過拉、壓等的操作來改變作品的外型，包括：Blender、Meshmixer 等，都是這類型的軟體。如果是喜歡玩黏土的讀者，應該會覺得相當有趣！

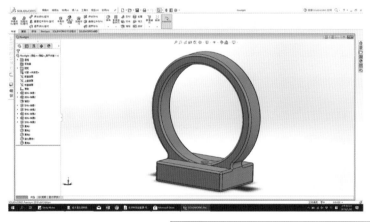

◀ **Solidworks**

▶ **Blender**

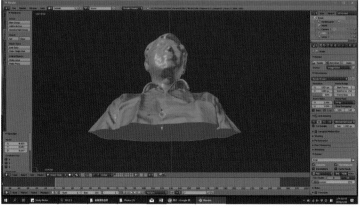

神奇的 3D 印表機

3D 印表機演變至今，已經變成了一種常備工具，各大學校的生活科技教室裡都能發現不同類型的 3D 印表機，可以用來讓我們輕鬆地製作出各種立體物件。不過，到底什麼是 3D 列印呢？

3D 列印是一種「加法製造」的加工方式，和我們前面使用木頭製作作品，將物件一塊一塊地從大塊材料上切下的「減法製造」相反，3D 列印是將材料一層一層的堆疊起來，完成我們需要的物件外觀。

3D 印表機（1）。

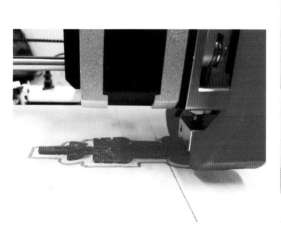

3D 印表機列印過程。

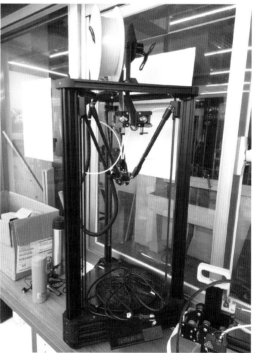

3D 印表機（2）。

　　最常見的 3D 印表機類型為「熔融沉積成型（FDM）」，是將一捲線狀塑膠材料加熱、變軟之後，用像是擠牙膏的方式將材料從尖端的噴頭擠出。當材料被擠出後，遇到冷空氣後即會重新凝固成固體，堆疊成我們想要的樣子。

　　因此在機器後面通常都會有一捲線材，常見的線材有 ABS 樹脂與 PLA 玉米樹脂兩種。此外，因為塑膠中可以溶進不同類型的材料，因此也有包含碳纖維、玻璃、橡皮、瓦楞板等材質的塑膠材料可供選用。

3D 印表機線材。

3D 印表機噴頭示意圖。

不同的 3D 列印材料的列印成果（1）。

不同的 3D 列印材料的列印成果（2）。

使用 3D 印表機前，我們會需要先有 3D 模型圖，這部分可以透過 3D 繪圖或是 3D 掃描完成；接著就要將檔案丟到「切層軟體」中進行切層的動作。因為 3D 列印是將材料一層一層堆疊起來，因此在電腦軟體中，我們必須先將一個完整的 3D 物件切成許多薄層，然後透過軟體轉換成一種稱為 G-code 的程式碼，將程式碼放到 3D 印表機中，機器就會乖乖地做出我們想要的東西囉。

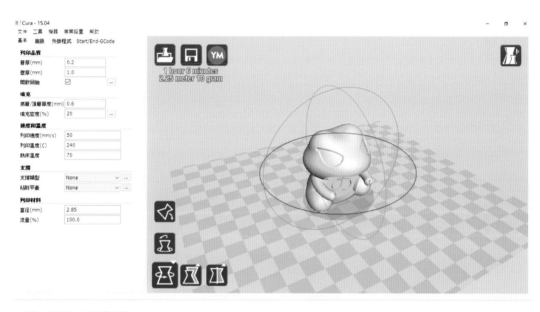

將 3D 物件丟到切層軟體。

了解了基礎的 3D 列印後，接下來就讓我們試試看畫出自己的 3D 物件吧！

列印物件。

<table>
<tr><td>實作
9</td><td># 我的第一個 3D 物件</td></tr>
</table>

前面已經簡單介紹過 3D 列印與 3D 繪圖，現在就來嘗試畫出自己的第一個 3D 物件吧。這邊我們先從比較好上手的 TinkerCAD 開始，這是一套免費的 3D 繪圖軟體，用類似疊積木的方式完成繪圖，可以非常快速地學會並畫出有趣的東西唷。

　　首先我們先進入 TinkerCAD 的介面。你可以在 Google 上搜尋 TinkerCAD，或是直接在網址列上輸入 https://www.tinkercad.com/， 然後進入 TinkerCAD 的操作畫面。點選右上角的「JOIN NOW」，申請一個自己的帳號。

▲ **TinkerCAD 首頁。**

　　申請了自己的帳號後會先跳到教學頁面，而要回到一般使用介面的話，則可以點選左上方的 Logo，就會跳到「3D 設計」的頁面囉。

▲**教學頁面**。

▲**「3D 設計」頁面**。

接下來我們點選左上方的「建立新設計」，就會進入繪圖介面了。在電腦操作時最重要的就是滑鼠和鍵盤的操作方式，這邊我們先練習一下滑鼠操作。

有辦法控制滑鼠後，接下來我們來試著改變物件的所在位置吧。先將一個方塊丟入畫面中央的工作區平面，然後按住滑鼠左鍵拖拉方塊，這時候我們會看到方塊只能在工作區平面上移動。接下來我們點選方塊上方的黑色箭頭，方塊會變成上下移動。

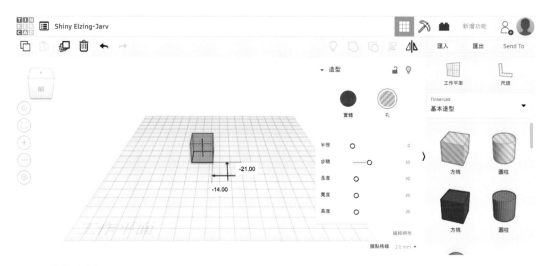

▲ 平面平移。

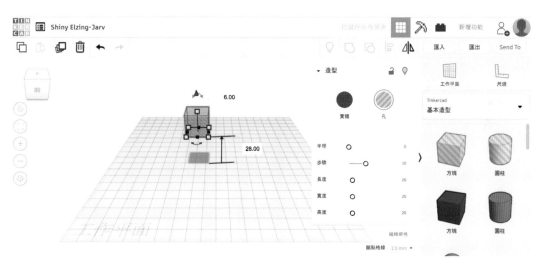

▲ 上下移動。

再來將滑鼠移到方塊周圍，會發現方塊旁邊出現弧形的雙向箭頭，這些箭頭可以使物件旋轉。滑鼠接近物件中央，旋轉角度一格是 15 度；遠離中央，一格是 1 度，可以依照不同需求來調整。

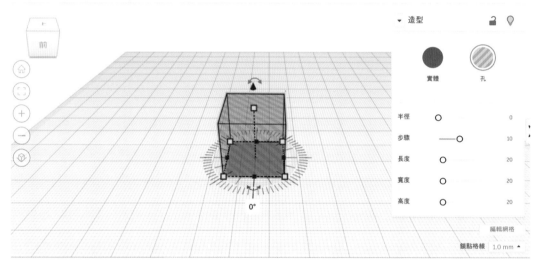

▲ **物件旁的雙向箭頭。**

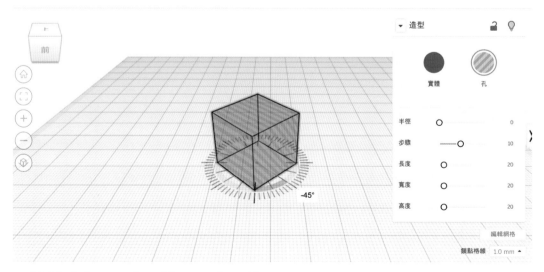

▲ **旋轉時有 15 度一格和 1 度一格。**

　　接下來，請把目光移到物件角落的黑色方塊和白色方塊。這些方塊是用來改變物件長、寬和高的數值用的。在平面上的黑色方塊可以針對單一個方向進行改變，因此滑鼠按住黑色方塊、拖拉，方塊就會在一個方向被拉伸；按住白色方塊，則方塊會在平面的兩個方向產生變形。方塊上方中央可以看到有個白色的方塊，這個則可以針對方塊的「高」調整，改變方塊高度。

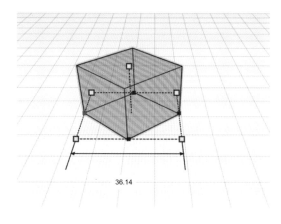

◀ **按住黑色，方塊單一方向調整。**

▶ **按住白色，平面兩個方向調整。**

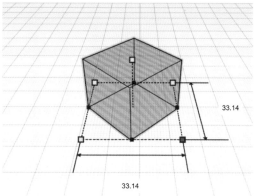

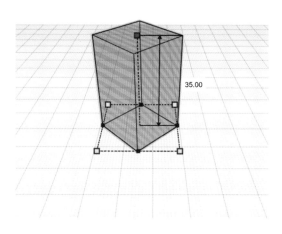

◀ **物件上方中間白色，調整高度。**

小提醒

通常在 3D 繪圖中，高度（Z 軸）會是獨立控制的唷。

　　瞭解如何讓物體產生變形後，接下來就可以將不同的物件從右方物件欄中拉進工作平面。右方欄位裡面有非常多的材料，而且會不定時更新，可以自行試看看不同素材拉進工作平臺後的效果。

　　這裡我們試著做出自己的小名牌。將圓柱放入工作平面，接下來將它壓平到5mm，長、寬分別設定為 40mm 與 20mm。

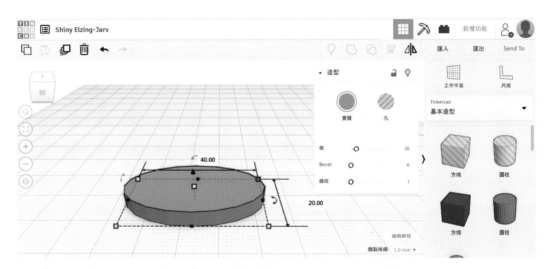

▲拉入圓柱，長、寬、高，分別設為 40mm、20mm 與 5mm。

接下來從右邊拉入「文字」，就會出現特徵方塊。在特徵方塊中的「文字」輸入自己的名字，將長、寬調整為合適的大小後，拖拉進剛才的橢圓的正中央。

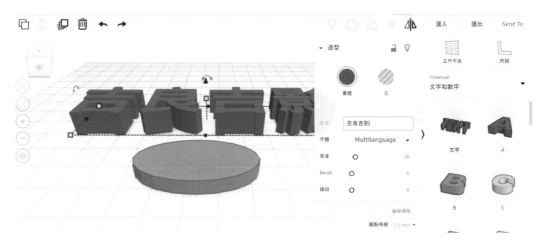

▲輸入自己的名字。

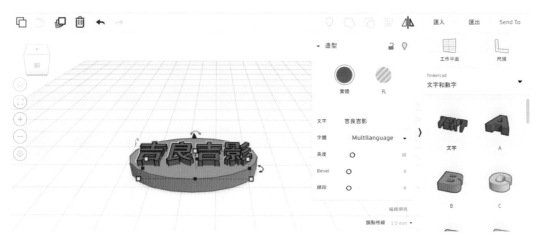

▲拖拉到正中央。

小提醒

要將物件放置到正中央的最好方式，是將視角轉到物件的正上方，因此要按住滑鼠右鍵後旋轉唷。

　　擺好物件後，可以點選右邊的特徵欄改變顏色。這邊請注意：灰色的「孔」代表可以挖洞的意思。當我們放置好所要的物件後，則可以將它黏合。在這套軟體中，我們用的是「群組」的功能；將要組合的物件選擇起來後，再點選組合，物件就會黏在一起囉。

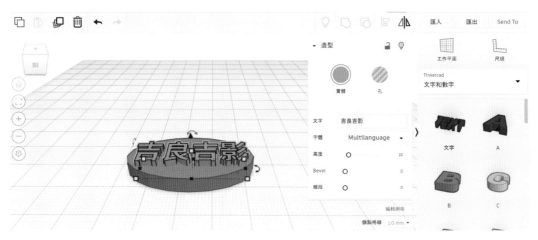

▲ 改變顏色。

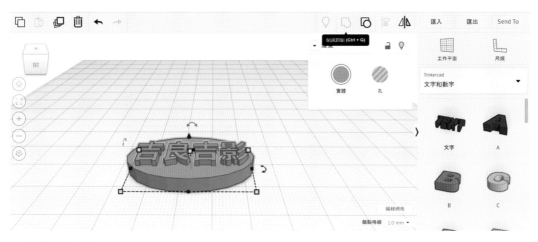

▲ 群組功能。

✎ 小提醒

群組後顏色變成一樣了，這時候可以點選顏色→勾選「多色」，就可以將顏色還原囉。

如果要將設計好的東西 3D 列印出來的話，可以點選右上方的「匯出」，然後選擇全部或是單一物件。格式有「STL」與「OBJ」可供選擇，STL 是圖形交換檔，只有外型、沒有顏色；OBJ 下載後則會形成一個壓縮檔，這個資料會將顏色和外型保存下來。不過一般 3D 印表機皆為單色列印，所以在這裡可以先下載 STL 檔案，等列印後再上色就可以囉！

▲ 匯出選項。

▲ 列印好的名牌。

這套軟體還有樂高和 Minecraft 的功能，我們可以將畫好的圖示做成樂高模擬圖，或是匯入 Minecraft 地圖編輯器中，成為自己的創世神！

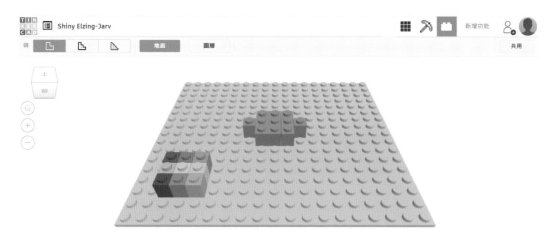

▲樂高介面。

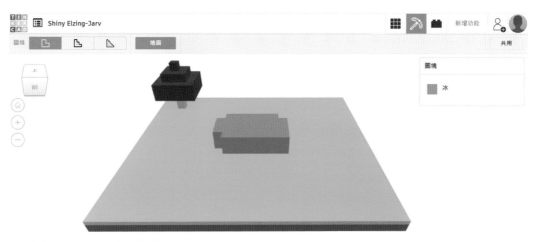

▲ Minecraft 介面。

進·階·挑·戰

除了 3D 列印與 TinkerCAD，您還可以試試其他方法：

1.【Onshape（www.onshape.com）】

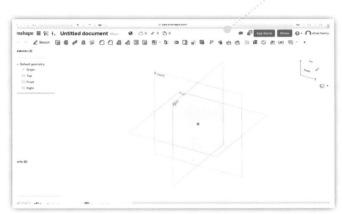

這也是一套免費的雲端 3D 繪圖軟體，支援電腦、手機與平板不同數位載具，可以畫出更精確的物件，並輸出成 3D 印表機、雷射切割機等機器可加工的檔案。也可以將圖案輸出成工程圖，方便印成文件分享唷。

2.【Sketchfab】

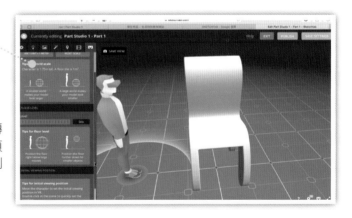

這是一個線上 3D 物件分享平臺，同時也支援 VR（虛擬實境）檢視，因此可以將自己畫好的 3D 物件傳到這個網站上，用手機開啟網頁後，再戴起 VR 配件，就可以立刻體驗 VR 的樂趣囉。

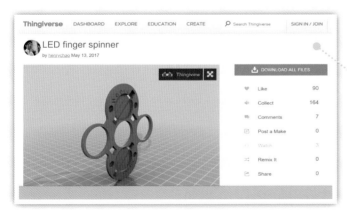

3.【Thingiverse】

這是全世界最大的 3D 物件分享平臺，可以在上面看到別人設計的巧思，還可以把喜歡的檔案載下來自行列印！

第  課

讓電腦來完成吧！ 平面繪圖與雷射切割

學習重點

1. 了解向量圖與點陣圖的差別。

2. 認識不同的平面繪圖軟體。

3. 操作基礎平面繪圖軟體繪製作品。

4. 使用雷射切割機完成基礎作品。

上一章節中介紹了 3D 繪圖與 3D 列印，現在一起來看看另一項神奇的加工方式──雷射切割。雷射切割就像是我們在電影上看到、可以切斷厚重鐵門的光劍，它是使用高強度的雷射光，依照我們所繪製的設計圖切割材料。因為是由電腦操作，因此可以做出特殊且多樣的設計。下面就一起來認識雷射切割吧。

雷射切割機。

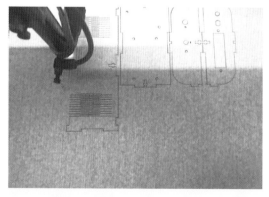

雷射切割過程。

常見的向量繪圖軟體

要踏入雷射切割的領域前，要先有相對應的操作軟體，也就是「向量繪圖軟體」。我們常用的繪圖軟體，如：小畫家、手機上的修圖 APP 所處理的圖片都是「點陣式」的圖片。如果將一張照片放大、放大再放大，會發現照片上的圖片變得愈來愈模糊，圖案也會變成一格一格的方塊，這樣的圖就是點陣式的圖。如果改用向量軟體中繪圖時，就算將我們所畫的直線持續放大，它還是會保持細清溪的狀態，不會糊掉。

在生科教室常見的向量繪圖軟體有 Adobe illustrator、CorelDRAW，或是免費的 Inkscape、工程上常用的 AutoCAD 等等，這些軟體可以繪製向量圖，透過點、線來建構出我們要的外型，並填上顏色。完成後則可以輸出成 ai、dxf、dwg 或 SVG 檔，接下來就可以傳輸至雷射切割機進行切割囉。

點陣圖放大會變成方塊。

接下來我們就來看看什麼是雷射切割機吧。

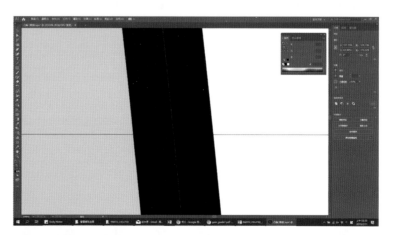

向量圖放大不會受到影響。

139

生科教室裡的光劍 —— 雷射切割機

前面我們提到，雷射切割機是將高強度的雷射光照到的材料上，進而切斷材料，留下我們要的部分。

一般而言，使用雷射切割機加工時會有兩種加工方式：一種是「切斷」，一種是「雕刻」。這兩者之間是由雷射切割機上面的「功率」以及「速度」來進行控制。進行「切

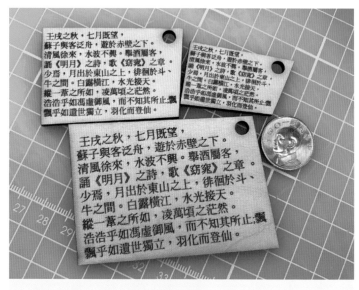

用雷射切割機切斷。／用雷射切割機雕刻。

斷」的加工時，我們會將速度放慢，功率加大，這樣材料就容易切開；進行雕刻時，則將速度提高、功率降低，讓能量只施加在材料表面。針對這兩個數值做不同的調控，也可以創造出不同的深淺。

表 12-1　雷射切割功能與功率‧速度的關係

	切斷	雕刻
功率	大	小
速度	慢	快

生科教室裡面配備的雷射切割機，其加工材料則以木頭、壓克力、皮革與橡皮為主，不同的材料加工起來會有不同的效果。例如：可以透過密集的細線排列，使得木頭產生可以彎折的特性；壓克力原本是透明的，在表面做雕刻後，則可以使光在雕刻處發生散射的現象，產生炫目的效果；雷切皮革則可以取代過去以剪刀從大片皮革裁下皮件的動作，同時能先打穿邊緣縫合孔，減少加工的複雜度；橡皮則可以做成小印章或是不同的飾品，客製化屬於自己的獨一無二作品。

木頭與壓克力彎折作品。

原木雷切作品。

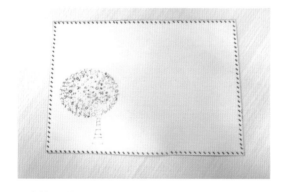

皮革雷切作品。

橡皮印章。

　　由於雷射切割機可以透過電腦控制，因此再複雜的圖案都可以透過它來完成。雷射切割除了可以減少加工上的技術障礙，也可以省下許多時間。後面就來嘗試看看用雷射切割完成自己的特色名牌吧。

實作 10　雷射切割特色名牌

雷射切割機跟其他的加工機器一樣，在加工之前必須先畫出我們需要的圖案。這邊我們以 Inkscape 這套免費的向量繪圖軟體進行介紹，做出自己的特色名牌吧。

首先我們要先下載 Inkscape 這套軟體。可以在 Google 上搜尋 Inkscape，或是在網址列直接輸入 https://inkscape.org/zh-hant/ 進入網頁，點選下載（Download）。Inkscape 支援 Linux、Mac 和 windows 的作業系統，選擇自己使用的作業系統，下載安裝就可以使用囉。

▲ **Inkscape 首頁。**

▲ 下載並安裝 Inkscape。

安裝好後，我們先開啟程式進入使用頁面。左邊的功能列是一些我們常使用的功能，有選取功能、節點編輯功能、視角放大縮小、方形、橢圓等，但剛開始我們還是要先試著使用滑鼠來控制我們的面板。這邊的滑鼠操作比較容易，但搭配起鍵盤後就可以有更多樣的變化。首先按住中間滾輪，畫面可以平移；滾動滾輪，視窗可以上下滑動；按住 Shift、滾動滾輪，視窗可以水平移動；按住 Ctrl、滾動滾輪，視角可以放大縮小。練習與熟悉這些操作，就可以增加繪圖時的效率唷。

表 12-2　Inkscape 常用功能

	滑鼠	鍵盤
畫面平移	壓住滾輪	無
畫面上下滑動	滾動滾輪	無
畫面左右滑動	滾動滾輪	按住 shift
視角放大縮小	壓住滾輪	按住 Ctrl

　　接下來要介紹向量繪圖軟體裡最重要的功能——「貝茲曲線」。點選左邊的「貝茲曲線與直線」，首先在畫面上點選一點，再來點選下一點時，滑鼠左鍵不要放開，將左鍵按住往旁邊移動，會發現線條變得彎曲了，這就是貝茲曲線，它其實是透過數學關係式來做設定，不過在畫圖時就先不用想這麼複雜的問題。先嘗試將貝茲曲線拉成一個封閉圖形，就是最後我們的點要回到剛剛一開始點的位置唷。

▲貝茲曲線操作（1）。

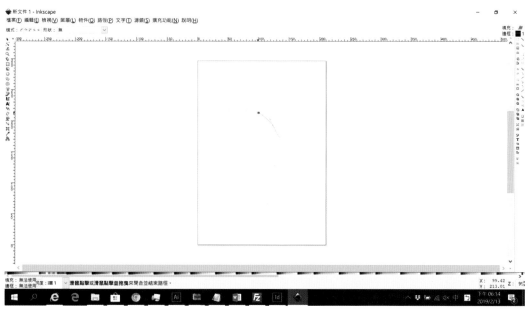

▲貝茲曲線操作（2）。

完成封閉區域後，接下來點選功能列第二個功能「用節點編輯路徑」。這時會發現剛剛畫的圖形上「點」的位置都跑出了小方格，這就稱為「節點」。點擊其中一個節點後會跑出「控制桿」，先試著拖拉節點改變它的位置，會發現圖形可以改變；接著調整控制桿，節點位置會變的平滑或是尖銳。這也是向量繪圖軟體中常見的功能。

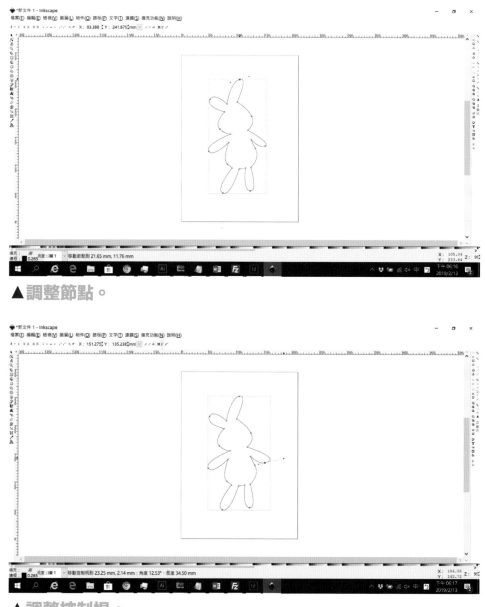

▲ 調整節點。

▲ 調整控制桿。

接下來我們用「選取與變形物件」點選剛剛畫的圖形，然後點下面的色條，右邊會跑出「填充與邊框」的功能欄。我們所畫的圖會分為邊框的顏色和裡面填充的顏色，這兩者的顏色、線條粗細和樣式都可以依據我們的需求分開進行設定。這邊邊框我將它設為紅色，而填充就將他設為「X」，代表裡面是空的。

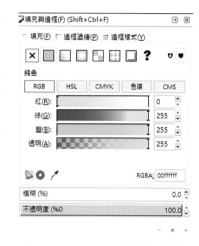

▶ **邊框與填充**。

▶ **修改前**。

▶ **修改後**。

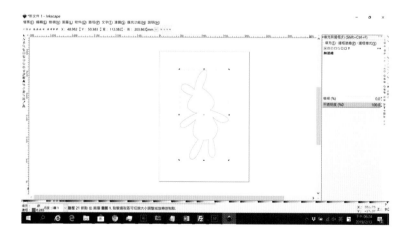

✎ **小提醒**

這個設定很重要，因為一般雷射切割機的加工順序都是以顏色來做區隔，沒有明確設定好的話，圖案就會切割失敗喔！

　　再來我們點選左邊的「文字」，輸入上自己想要的名字，然後調整字型，圖案就完成囉。

　　最後將檔案輸出到雷射切割機，就可以進行切割了。這邊要注意的是：一般雷射切割機軟體可接受的檔案格式會是 dxf 或是 ai 兩種，因此只要是能輸出這兩種格式的軟體，都可以用它來繪圖唷。

▲ 輸入文字後就完成了！

▼ 雷射切割的作品。

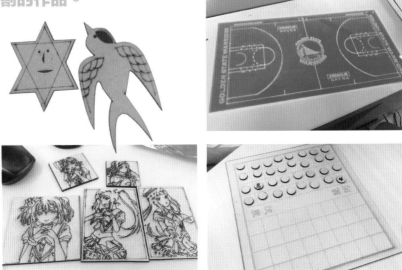

進·階·挑·戰

除了 Inkscape，我們還能用其他方法來完成雷射切割作品。

1.【Onshape（www.onshape.com）】

前面分享過的 Onshape 也可以輸出 dxf 檔，因此可先在電腦裡確認 3D 圖檔的狀況，輸出 dxf 檔供雷射切割機使用。

2.【Makercase（www.makercase.com）】

這是一個雷射切割盒子線上設計平臺，只要輸入盒子的大小、卡榫形式與表面圖案，再輸出到雷射切割機進行加工，就可以快速地做出自己設計的盒子囉！

3.【Thingiverse（www.thingiverse.com）】

這個全世界最大的 3D 物件分享平臺上頭也有很多雷射切割作品可供參考，搜尋 Laser 就可以看到囉。

 想一想，你還可以怎麼做？

全臺代表性 Makerspace

自從 Maker 運動風潮興起之後，臺灣各地也陸續成立了許多民營或公營的 Makerspace。Makerspace 通常會備有各種類型的工具及加工機具，提供愛好動手做的民眾登記或加入會員使用。除了有硬體設備外，Makerspace 也是很好的社群交流平臺，活躍其中的人們來自各行各業，可能是藝術家，也可能是工程師，甚至是來自其他更意想不到的行業。在這些地方除了能做自己想做的東西，也可以透過與人們的交流豐富自己的知識和創意。一起來看看自己的鄰近地區有沒有 Makerspace，找時間去走走吧。

【北部】

Fablab Taipei 臺北自造實驗室

地址：臺北市中山區玉門街 1 號自造者協會
電話：02-2595-2322
E-mail：info@fablabtaipei.org
開放時間：週一～週六 13:00-21:00
設備：焊接工具、中型 CNC 雕銑機、小型 CNC 雕銑機、雷射切割機、真空成型機、3D 印表機、數位裁紙機、數位縫紉機
網址：http://fablabtaipei.org/

FabCafe Taipei

地址：臺北市八德路一段 1 號（華山 1914 文創園區中三館）
電話：02-3322-4749
E-mail：info.tpe@fabcafe.com
開放時間：週日～週四　10:00-19:00 ／週五～六　10:00-22:00
設備：雷射切割機、3D 印表機、3D 掃描器、3D 列印筆
網址：https://fabcafe.com/taipei/

Openlab.Taipei

地址：臺北市中正區汀州路三段 230 巷 35 號
開放時間：週三 17:00-22:30
設備：焊接工具、基本手工具、木工工具
網址：https://www.facebook.com/groups/openlab.taipei/

Makerbar

地址：臺北市大安區安和路一段 112 巷 7 號
電話：02-2708-8970
E-mail：hello@makerbar.cc
開放時間：週一～週五 10:00-18:00
設備：雷射切割機、3D 印表機
網址：https://www.facebook.com/MakerbarTaipei/

綠點點點 古風小白屋

地址：台北市大安區古風里雲和街 72 巷 9 號
E-mail：our.greenmap@gmail.com
開放時間：週三～週五 09:30-17:00 ／週六～週日 10:00-12:00
設備：基本手工具、電動工具
網址：https://www.facebook.com/our.greenmap/

北分署創客基地

地址：新北市五股區五工五路 47 號 7 樓
電話：02-8995-6399 #2799
E-mail：makerbase@wda.gov.tw
開放時間：週一～週五 09:00-17:00
設備：平臺式切割機、金屬雕刻機、桌上型雷射切割機、雷射切割機、基礎 3D 印表機、大型 3D 印表機、熱昇華印表機、工業用平車機臺、工業用拷克機臺、工業用三本車機臺、整燙工具組、氣壓式熱轉印機、服裝讀版機、服裝樣板切割機

網址：https://www.facebook.com/makerbase/

衣起飛翔創客基地
地址：新竹市武陵路 10 號
電話：03-533-5055
E-mail：makerspacefd@gmail.com
開放時間：週二～週日 09:00-18:00
設備：服飾機臺、3D 列印機、熱轉印機
網址：https://www.facebook.com/FashionDesignMakerSpace/

【中部】

TCN 創客基地
臺中據點　地址：臺中市錦平街 40 號 2 樓
　　　　　電話：04-3700-7777
南投據點　地址：南投市三和一路
　　　　　電話：04-9700-8768
開放時間：週二～週日 09:00-18:30
設備：3D 印表機、熱昇華轉印機、雷射雕刻機、CNC 三軸雕刻機
網址：https://ys.tcnr.gov.tw/

【南部】

Maker Village
地址：嘉義縣民雄鄉大學路一段 168 號（國立中正大學活動中心斜角巷 3095）
E-mail：ccumakervillage@gmail.com
開放時間：週三、週四　19:30-21:30
設備：3D 印表機、電子焊接器材、雷射雕刻機、示波器、電源供應器
網址：http://maker-village.github.io

南方創客基地
地址：臺南市新營區大同路 32 號
電話：06-6356583 ／ 06-6354697
E-mail：stmakercenter@wda.gov.tw
開放時間：週二～週六 09:30- 18:30

設備：木工加工機具、3D 印表機、雷射切割機、CNC 加工機、3D 掃描器、數位割字機、電子加工設備、縫紉機
網址：https://southmaker.wda.gov.tw/

M.ZONE 大港自造特區
地址：高雄市鹽埕區瀨南街 8 號（高雄駁二大勇區 8 號倉庫）
電話：07-521-1618
E-mail：info@mzone.com
開放時間：週二～週日 10:30- 18:00
設備：3D 印表機、3D 掃描器、雷射切割／雕刻機、CNC 雕刻機、真空成型機、切割／繪圖機、UV 噴墨印刷機、縫紉機、刺繡機、木工機具、金工機具、皮革工具
網址：https://www.mzone.co/

創客小棧 Maker Inn
地址：高雄市前鎮區凱旋四路 105 號
電話：07-821-0171 #2866
E-mail：makerinn1@gmail.com
開放時間：週日 09:00-17:00
設備：3D 印表機、車床、銑床、雷射雕刻機、桌上型鑽床、桌上型砂輪機
網址：https://www.facebook.com/makerinn2018/

創客萊吧 Maker Lab
地址：高雄市左營區博愛二路 202 號 B1F
電話：0989-250-580
E-mail：info@makerlab.tw
開放時間：週一～週五 10:00-18:00
設備：3D 印表機、雷射雕刻機、打標機、裁鋁機、PCB 雕刻機、車床、鑽孔機、帶鋸機、砂輪機、示波器、電源供應器、焊接組、手洗電路板
網址：https://www.makerlab.tw/

【東部】

OMEGA ZONE
地址：花蓮市精美路 18 號
電話：03-823-9869
E-mail：omegazonehualien@gmail.com
開放時間：週一～週五 08:30-17:30
設備：3D 印表機、金屬 3D 印表機、三軸
CNC、雷射雕刻機、大型雷射切割機、數位
刻字機
網址：https://www.facebook.com/
Omegazone/

全臺自造教育及科技中心

從 2015 年開始，教育部在全臺 22 個縣市的
國中、小學推動自造教育中心，希望透過地
區型自造中心的建立，讓更多人了解實作的
樂趣與意義。因此目前有許多學校皆配備有
數位加工機具，如：雷射切割機、3D 印表機、
CNC 雕刻機等機器，且多半會有前面所提到
的木工或電子加工工具。如果是對實作有興
趣的讀者，也可以問看看家中附近的自造教
育及科技中心是否有開放時段，前往一探究
竟！

臺北市
臺北市日新自造教育及科技中心
臺北市南門自造教育及科技中心
臺北市仁愛自造教育及科技中心
臺北市石牌自造教育及科技中心
臺北市龍山自造教育及科技中心

新北市
新北市積穗自造教育及科技中心
新北市永和自造教育及科技中心
新北市福和自造教育及科技中心
新北市蘆洲自造教育及科技中心
新北市中正自造教育及科技中心
新北市鶯歌自造教育及科技中心
新北市金山自造教育及科技中心

基隆市
基隆市安樂自造教育及科技中心
基隆市百福自造教育及科技中心
基隆市銘傳自造教育及科技中心

桃園市
桃園市建國自造教育及科技中心
桃園市平鎮自造教育及科技中心

新竹縣
新竹縣六家自造教育及科技中心
新竹縣博愛自造教育及科技中心
新竹縣鳳岡自造教育及科技中心

新竹市
新竹市培英自造教育及科技中心
新竹市虎林自造教育及科技中心

苗栗縣
苗栗縣自造教育及科技中心

臺中市
臺中市富春自造教育及科技中心
臺中市大甲自造教育及科技中心
臺中市立新自造教育及科技中心
臺中市北新自造教育及科技中心
臺中市潭秀自造教育及科技中心
臺中市沙鹿自造教育及科技中心

彰化縣
彰化縣彰安自造教育及科技中心
彰化縣二林自造教育及科技中心
彰化縣埔心自造教育及科技中心
彰化縣田尾自造教育及科技中心
彰化縣福興自造教育及科技中心

南投縣
南投縣康壽自造教育及科技中心
南投縣延和自造教育及科技中心
南投縣埔里自造教育及科技中心

雲林縣
雲林縣虎尾自造教育及科技中心
雲林縣斗六自造教育及科技中心
雲林縣崙背自造教育及科技中心

嘉義縣
嘉義縣民雄自造教育及科技中心
嘉義縣竹崎自造教育及科技中心

嘉義市
嘉義市北興自造教育及科技中心
嘉義市蘭潭自造教育及科技中心
嘉義市玉山自造教育及科技中心

臺南市
臺南市新興自造教育及科技中心
臺南市復興自造教育及科技中心
臺南市南新自造教育及科技中心
臺南市佳里自造教育及科技中心

高雄市
高雄市中山自造教育及科技中心
高雄市中正自造教育及科技中心
高雄市阿蓮自造教育及科技中心
高雄市前峰自造教育及科技中心
高雄市陽明自造教育及科技中心
高雄市路竹自造教育及科技中心
高雄市大寮自造教育及科技中心

屏東縣
屏東縣明正自造教育及科技中心
屏東縣南州自造教育及科技中心
屏東縣潮州自造教育及科技中心

宜蘭縣
宜蘭縣成功自造教育及科技中心
宜蘭縣宜蘭自造教育及科技中心
宜蘭縣文化自造教育及科技中心

花蓮縣
花蓮縣玉東自造教育及科技中心
花蓮縣玉里自造教育及科技中心
花蓮縣花崗自造教育及科技中心
花蓮縣光復自造教育及科技中心

臺東縣
臺東縣初鹿自造教育及科技中心
臺東縣長濱自造教育及科技中心
臺東縣新生自造教育及科技中心

連江縣
連江縣自造教育及科技中心

金門縣
金門縣自造教育及科技中心

澎湖縣
澎湖縣自造教育及科技中心

魯班鎖組裝步驟

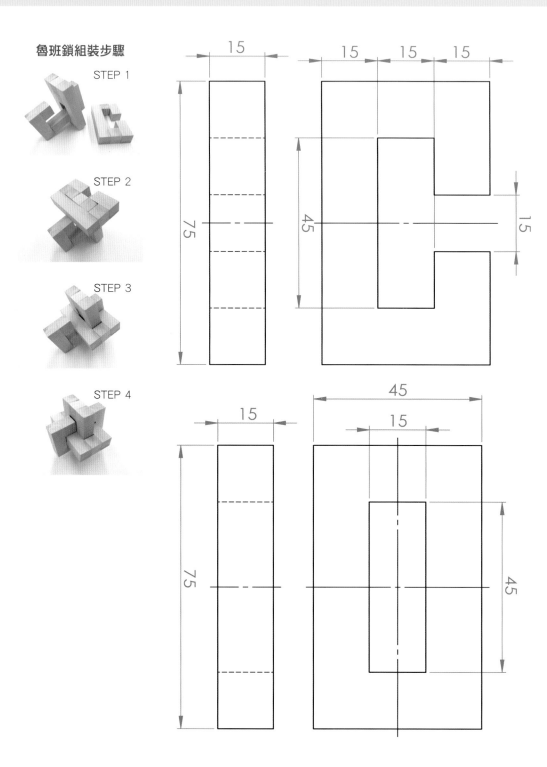

STEP 1

STEP 2

STEP 3

STEP 4

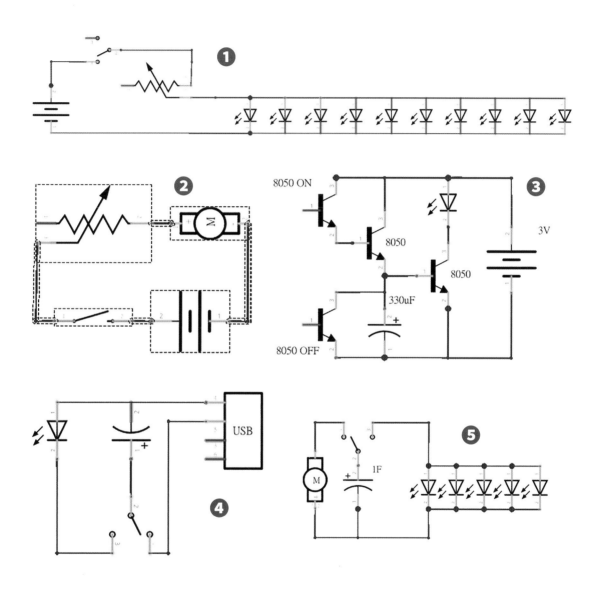

❶ 實作 6：DIY 手機補光燈電路圖
❷ 實作 6 進階挑戰：調風風扇電路圖
❸ 實作 6 進階挑戰：觸控燈電路圖
❹ 實作 7：USB 震動小蟲電路圖
❺ 實作 7 進階挑戰：手搖發電機電路圖

☑ 透過動手實作活動，能夠讓知識的學習不再只是記憶或背誦，且在實作過程中所累積的經驗，更能夠促進學習的深化。本書提供許多有趣且生活化的動手實作活動，作者趙珩宇老師本身具備豐富的實作經驗，且能夠提供正確的觀念以引導進行實作活動，相信十分值得作為想要學習動手實作的重要參考書籍。

——林坤誼／臺灣師範大學科技應用與人力資源發展學系特聘教授

☑ 手動了，腦就跟著動了，做才有實踐的可能。

——林湧順／師大附中生活科技教師兼任學務主任

☑ 跳脫框架的紮實秘笈。

——林銘照／屏東大學科普傳播學系助理教授

☑ 有趣、實用、創新、素養導向的教學活動，符合新課綱之生活科技學習重點，適合老師教學及學生自學。

——柯尚彬／高雄市科技與工程教育學會理事長

☑ 對 Maker 及 STEAM 教育有興趣的師生最適合的一本入門書！

——洪堯泰／社團法人臺灣自造者協會理事長

☑ 來自教學前線第一手實戰經驗彌足珍貴。

——連宏城／行動創客學院執行長

☑ 趙珩宇老師的書《生活科技這堂課》，是一本同時適合大人與小孩一起讀、動手做的好書。

——楊育修／高雄 M.ZONE 大港自造特區執行長

☑ 本書內容用字遣詞淺顯易懂，操作步驟亦能搭配圖形輔以說明，更顯簡單明瞭。書本透過需多具創意性的單元，讓不管是在教學現場的老師或是學生，都能夠對於生活科技有更多的認識，是一本值得推薦的好書！

——楊鎮澤／中山高級工商職業學校資訊組長

☑ 用有趣的方式打下生活科技的基礎，就從趙老師的這堂課開始吧！

——鄭鴻旗／ Openlab.Taipei 社群共同創辦人

生活科技這堂課

實作課程怎麼教、如何學，一本搞定！

作者 —— 趙珩宇

總編輯 —— 汪若蘭

執行編輯 —— 顏妤安

行銷企劃 —— 許凱鈞

封面設計 —— 賴姵伶

版面構成 —— 賴姵伶

發行人 —— 王榮文

出版發行 —— 遠流出版事業股份有限公司

地址 —— 臺北市南昌路 2 段 81 號 6 樓

客服電話 —— 02-2392-6899

傳真 —— 02-2392-6658

郵撥 —— 0189456-1

著作權顧問 —— 蕭雄淋律師

2019 年 2 月 24 日 —— 初版一刷

定價 —— 新台幣 399 元

ISBN　978-957-32-8473-4

遠流博識網 http://www.ylib.com

E-mail: ylib@ylib.com

（如有缺頁或破損，請寄回更換）

國家圖書館出版品預行編目 (CIP) 資料

生活科技這堂課：實作課程怎麼教、如何學，一本搞定！
/ 趙珩宇著 . -- 初版 . -- 臺北市：遠流 , 2019.02
面；　公分
ISBN 978-957-32-8473-4(平裝)
1. 生活科技 2. 中小學教育
523.36　108001985